August Höglinger

In*thron*isation

Verlag A. Höglinger

Impressum:

Herausgeber und Verleger: August Höglinger
Lektorat: Johann Schnellinger, Textservice, Linz
Druck: Druckerei Rudolf Trauner GesmbH, Köglstraße 14, 4021 Linz
Cover: Projektagentur Weixelbaumer KEG, Landstraße 22, 4020 Linz
Satz und Layout: A3 Friedrich Jung Werbeservice GmbH, Franckstraße 45, 4020 Linz

Bestellungen an den Verlag:
Dr. August Höglinger, Fröhlerweg 8, A-4040 Linz
Tel.: ++43(0)732 / 75 75 77
Fax: ++43(0)732 / 75 75 77-4
E-Mail: office@hoeglinger.net
Internet: www.hoeglinger.net

ISBN 3-9501137-4-6

In***thron***isation

INHALT

VORWORT

Das Wort „Inthronisation" wurde ursprünglich für die feierliche Einsetzung des Papstes oder eines Regenten verwendet. In diesem Buch steht dieser Begriff für die Rituale der Übergabe von Führungsmacht. Werden bei der Verabschiedung des „alten Regenten" und bei der Einsetzung des „Thronfolgers" auch nur kleinste Fehler gemacht, so kann das weit reichende negative Folgen für das Unternehmen, die Mitarbeiter und die Führungskraft selbst haben.

Dieses Buch leistet einen wichtigen Beitrag zur erfolgreichen Neubesetzung von Führungspositionen. Die Erfahrungen dazu stammen aus vielen Beratungsgesprächen mit Führungskräften. Es ist entstanden aus einer Zusammenfassung von Fehlern, die häufig bei der Bestellung von neuen Führungskräften und bei der Verabschiedung von Vorgängern gemacht werden.

Sie können diese Fehler vermeiden, wenn Sie die Rituale der Einsetzung einer Führungskraft kennen und berücksichtigen. Teure Fehlbesetzungen von Führungspositionen und die damit verbundenen Folgeschäden werden damit verhindert.

Für wen ist dieses Buch?

Es ist für Führungskräfte, die erfahren wollen, was für die Kandidatenauswahl und beim Einsetzen eines Leiters tatsächlich entscheidend ist. Das Buch wendet sich an Mitarbeiter in Personalabteilungen, die für die Bestellung von Führungskräften mitverantwortlich sind. Es nützt auch Nachwuchsführungskräften, die eine Führungsposition anpeilen. Und es ist für Leiter wertvoll, die sich aus ihrer

Führungsposition verabschieden. Trainer, Berater und Coachs erhalten Tipps für die professionelle Begleitung von Prozessen der Nachfolge in Führungspositionen. Auch in bereits verfahrenen Situationen können mithilfe dieses Buches noch Auswege und Lösungen gefunden werden.

Dank

Danken möchte ich in erster Linie meinem Freund Mag. Stefan Manigatterer, der mich dabei unterstützt hat, meine losen Gedanken und Erfahrungen zu ordnen und zu Papier zu bringen. Ich bedanke mich auch bei jenen Klienten, die durch ihren Beratungsfall einen Puzzlestein zu meinen Erfahrungen und damit zum Buch beigetragen haben.

August Höglinger

Linz, im Juni 2004

Männliche/weibliche Form im Text

Ich habe aus Gründen der besseren Lesbarkeit und Verständlichkeit des Textes nur eine Form der Anrede gewählt, und zwar die männliche, weil sie die gängigere ist. Diese steht stellvertretend für beide Geschlechter. Ich bitte alle meine Leserinnen und Leser um ihr Verständnis.

I. INTHRONISATION

Das alte Spiel der Macht in neuen Stühlen?

Wenn der „Falsche" im Chefsessel landet

Eine Personalberatungsfirma wird beauftragt, die geeignetste Person für eine Führungsposition zu ermitteln. Der Posten wird intern und in Zeitungen ausgeschrieben. Ein Vorausscheidungsverfahren trennt vorab die Spreu vom Weizen. Zur engeren Bewerberauswahl wird ein Assessmentcenter durchgeführt. Die Verantwortlichen entscheiden sich schließlich für eine Person. Trotz dieses Aufwands und professioneller externer Begleitung muss nach kurzer Zeit das Dienstverhältnis mit der neu eingesetzten Führungskraft beendet werden. Es ist „nicht gegangen", heißt es dann. Er hat nicht „gepasst". Die Suche nach einer geeigneten Führungsperson beginnt von neuem. Vielleicht kennen Sie dieses Beispiel aus Ihrer eigenen Firma in ähnlicher Form. Das Besetzen von Führungspositionen ist eine sensible Materie. Viele Personalentscheidungen gelingen zur Zufriedenheit aller oder der meisten davon Betroffenen. Dennoch gibt es auch Postenbesetzungen, die bei den Betroffenen Kopfschütteln auslösen und sich zum echten Problem auswachsen.

Falsche Personalentscheidungen kosten enorm viel Geld. Einerseits *direkt*, das sind die Kosten für Inserate, Beratung und Auswahlverfahren. Das sind die aufgewendeten Arbeitsstunden und Sitzungen der Personalverantwortlichen und Entscheidungsträger für diesen Prozess. Andererseits kosten falsch ausgesuchte Leiter indirekt Geld, Zeit und Nerven. Damit meine ich die Problembehandlungen, die mit ungeeigneten Führungskräften verbunden sind. Immer wieder müssen intern Zeit und Energie dafür aufgewendet werden, dass es wieder „läuft", dass sich erhitzte Gemüter beruhigen, Demotivierte zurückgewonnen werden und sich wieder den eigentlichen Aufgaben zuwenden.

Wie gelingen die Auswahl und das Einsetzen von Führungspositionen besser?

Für gute Personalentscheidungen in Führungspositionen gibt es weder ein einfaches noch ein garantiertes Rezept; mit „gut" meine ich hier die Eignung des Kandidaten zum Führen der ihm anvertrauten Organisationseinheit. Damit Sie bestmöglich prüfen können, ob jemand das Geforderte kann, ist ein finanzieller und zeitlicher Aufwand gerechtfertigt. Vor allem dann, wenn es um eine Schlüsselposition geht.

Ob Ihnen eine Personalentscheidung tatsächlich gelungen ist, erfahren Sie im Normalfall erst einige Zeit nach der Übernahme der Führungsposition. Einerseits wird das an den *finanziellen und inhaltlichen Ergebnissen* sichtbar. Andererseits erkennen Sie es daran, dass die eingesetzte Führungskraft *in ihrer Position von den Betroffenen respektiert und anerkannt* wird.

Oft wird nach der fachlich oder „objektiv" besten Person gesucht und nicht nach der besten für diese konkrete *Führungsposition.* In vielen Fällen ist das nicht ein und derselbe Bewerber.

Welche Einflussfaktoren sind wesentlich dafür, dass eine neue Führungskraft für Ihre Firma oder Organisation die „richtige" ist und in dieser Position auch anerkannt werden wird? Dazu sollten Sie generell drei Aspekte im Auge behalten, die in diesem Buch Thema sein werden:

- *Die geforderte Führungskompetenz und das Führungsinteresse* eines Bewerbers oder Nachfolgers für eine frei gewordene Führungsposition.

- Das Gelingen der Auswahl, der Einsetzung und des Ausscheidens der Führungskraft.

- Die Berücksichtigung des *individuellen Umfeldes*, das heißt: die konkrete Firma, die konkrete Position, die hier agierenden Entscheidungsträger und jene, die von der Personalentscheidung betroffen sind.

Ich lade Sie ein, einen Moment lang an Führungskräfte Ihrer eigenen Firma oder Organisation zu denken. Bei welchen Personen ist aus Ihrer Sicht eine gute Entscheidung getroffen worden? Wieweit hat die Vorgehensweise im ganzen Geschehen um das Besetzen des jeweiligen Chefsessels gepasst? Beim Nachdenken über diese Fragen werden Sie feststellen, dass die wesentlichen Faktoren für Ihre Beurteilungen in den vorhin genannten Aspekten zu finden sind. Hier noch einige weitere Impulsfragen zur Beurteilung Ihrer Chefs und Führungskräfte: Welche davon akzeptieren Sie in ihren Positionen? Warum? Welche eher nicht? Was sind die Gründe? Ab welchem Zeitpunkt hatten Sie zum Beispiel bei den aus Ihrer Sicht schwachen oder falschen Führungskräften den Eindruck, dass sie für diese Position nicht die „richtigen" sind? Wurde bereits bei deren Bestellung etwas missachtet? Was hätte man von Anfang an anders machen oder erkennen müssen? Oder warum haben in Ihrer Firma fachlich durchaus Qualifizierte es dennoch nicht geschafft, im Chefsessel die nötige Akzeptanz zu finden?

Damit sind wir mitten im Kern von Fragen nach einer gelingenden Personenauswahl und einer möglichst guten Form, einen ausgewählten Kandidaten in seine Führungsposition einzusetzen, in der er auch akzeptiert wird.

Die Stufen der Inthronisation

Das Zusammenspiel der drei erwähnten Aspekte, die eine hohe Akzeptanz und erfolgreiche Arbeit der neuen Person in ihrer Führungsposition sichern, nenne ich die *Stufen der Inthronisation.* Ich habe bewusst das Wort „Inthronisation" gewählt. Es hat seine Wurzeln im griechischen Verb „inthronízein" und bedeutet, jemanden „auf den Thron erheben" (Duden, Band 7: Das Herkunftswörterbuch, 2. Auflage). Es beschreibt die Bewegung hinauf auf den Thron und die erhöhte Position gegenüber anderen. Ein Thron steht für die Macht in einem bestimmten Revier und für den Anspruch, andere zu führen und deren Gefolgschaft haben zu wollen. Die ursprüngliche Verwendung dieses Begriffes bezieht sich auf die feierliche Amtseinsetzung des Papstes. Bilder von Krönungen und Geschichtsdokumente zeigen, dass seit jeher auch das öffentliche Zeremoniell der Übernahme weltlicher Herrschaft als Inthronisation bezeichnet worden ist. Es ist gleichermaßen hilfreich und aufregend, diesen alten Begriff der Inthronisation auf heutige Übernahmen von Führungsmacht anzuwenden, weil sich darin die Kernthemen und Hauptprobleme offen zeigen: Es geht um das Miteinander von denen „oben" mit denen „unten". Es geht um Machtanspruch und Machtmissbrauch. Es geht um die ganze Palette der Gefühle zwischen Führenden und Geführten, wie Vertrauen und Anerkennung, Auflehnung und Verweigerung. Es geht um Loyalität, Respekt, Verrat und Verletzungen. Schließlich geht es auch um das Ende von Regenten, um deren Ausscheiden oder Sturz. Nach Kaisern, Königen und Fürsten bleiben die Fragen nach Thron und Erben, nach Führung und Gefolgschaft von allgemein gültiger Bedeutung. Die Bilder und Szenen aus vergangenen Zeiten sind auch die von heute. Inthronisationen vollziehen sich heute lediglich in neuen Kleidern, mit anderen Insignien (Dienstwagen und dergleichen), auf modernen Drehstühlen und in dazu passenden Räumlichkeiten.

Im Bild der Übernahme des Thrones beschreibt die Inthronisation den öffentlichen Start in die Ära des neuen Regenten. Davor sind der Aufstieg und die Auswahl und danach der Ausstieg und das Ende, also die zwei schon genannten Grundrichtungen hin zum Thron und der Abschied von diesem. Meist bedeutet das Ende des bisherigen Regenten den Anfang für einen neuen, außer es wird eine Führungsposition neu geschaffen. Es gibt eine Art wiederkehrenden Rhythmus und Lebenszyklus um die Inthronisation in eine Führungsposition. Daran orientieren sich die nun folgenden Kapitel des Buches:

- *Kapitel II* beginnt mit der Frage nach dem Ende und dem optimalen Termin, das Ausscheiden bekannt zu geben. Weitere Kernfragen sind: Was ist zu tun, wenn eine Führungsposition akut vakant wird? Soll überhaupt nachbesetzt werden? Worauf ist zu achten, wenn Entscheidungsträger die freie Führungsstelle dazu nützen, umzustrukturieren und nicht nachzubesetzen?

- *Kapitel III* stellt sich den Fragen um den Thronfolger: Wer ist der Geeignete, der „Richtige"? Soll die Position intern oder extern nachbesetzt werden? Was sind die entscheidenden Fragen für die Kandidatenauswahl? Wie wichtig ist der Faktor, wer die Entscheidung trifft?

- *Kapitel IV* beschäftigt sich damit, wie Sie den designierten Nachfolger als neuen Leiter einsetzen: Wie informieren Sie generell über die Personalentscheidung? Wie sollen Sie gegenüber den Mitarbeitern den neuen Chef einführen? Wie kann der neue Leiter selbst einen guten Einstieg fördern? Was sind die Schlüsselelemente einer feierlichen Amtseinführung?

- *Kapitel V* nimmt die Perspektive des neuen Leiters ein: Wie schaffe ich es, dass die bestehenden Mitarbeiter nach dem Vorgänger nun *mir* nachfolgen? Worauf muss ich bei einem „weichen" oder „harten" Übergang in der Leitungsnachfolge achten? Wie führe ich mit den Mitarbeitern ein so genanntes Adoptionsgespräch? Worauf kommt es an, damit zum Beispiel ein neuer Leiter, der von außen kommt, von den angestammten Mitarbeitern akzeptiert wird?

- *Kapitel VI* beschließt den Zyklus um die Stufen der Inthronisation: Wie gelingt der Abschied eines Leiters, damit der „Neue" danach gut weiterarbeiten kann? Was sollen Sie bei der Abschiedsfeier beachten und bei der Abschiedsrede ansprechen? Was braucht ein scheidender Chef, damit er gut gehen kann?

- *Kapitel VII* greift abschließend einzelne spezielle Themen auf; das sind unter anderem: Was sind die heiklen Punkte der Thronfolge in Familienunternehmen? Wann kann eine vorzeitig ausgeschiedene Führungskraft im Unternehmen verbleiben? Was tun, wenn jemand in Unfrieden scheidet?

- *Kapitel VIII* schließt den inhaltlichen Kreis des Buches. Die letzten beiden Fragen sind für den Leser am Ende der Lektüre eine verständliche Zusammenfassung: Was ist, wenn Sie die Stufen der Inthronisation nicht beachten? Und: Warum empfehle ich Ihnen, zukünftig mit diesen Stufen und Gesetzen der Inthronisation zu arbeiten?

Nun zum Anfang, der mit dem Ende beginnt ...

II. DER THRON WIRD FREI

Der bisherige Regent geht.

Ich höre auf!

> Dem guten Anfang
> nützt das entschiedene Ende.

Je klarer die Szenarien für den Ausstieg einer Führungskraft aus ihrer Position sind, desto besser sind die weiteren Schritte planbar. Alles beginnt im Normalfall mit dem Zeitpunkt, zu dem die derzeitige Führungskraft für sich entscheidet: *Ich höre auf.* Ich gehe in Pension oder wechsle den Bereich. Nicht das „mögliche Vielleicht", sondern die Entscheidung in Ihrem Herzen ist der Anfang der Veränderung.

Vermeiden Sie es, öffentlich und besonders gegenüber Ihren Mitarbeitern über Ihr *mögliches* Ausscheiden nachzudenken. Sie lösen damit vorzeitigen Alarm aus. In Windeseile werden unreife Überlegungen bei Betroffenen zur für alle überraschenden Tatsache: „Der Chef geht!" Und: Wenn Sie zu oft über Ihr Ende laut nachdenken und dennoch nicht gehen, verlieren Sie an Glaubwürdigkeit: „Er bleibt ohnehin. Er möchte bloß von uns hören, wie sehr wir ihn brauchen."

Wenn Sie hinsichtlich Ihres Ausscheidens unschlüssig sind, sollten Sie nur wenige Personen Ihres Vertrauens um Rat fragen. Es ist sinnvoll, wenn diese Personen vom Ausgang Ihrer Entscheidung nicht betroffen sind.

Der Zeitpunkt der Veränderung kann auch vorgegeben sein, wenn Sie zum Beispiel für eine Führungsaufgabe zeitlich befristet eingesetzt worden sind.

Wann sollten Sie als scheidende Führungskraft den Verantwortlichen mitteilen, dass Sie beabsichtigen zu gehen?

Möchten Sie als scheidender Leiter verantwortlich planen, also Ihre Firma mit Ihrem Weggehen nicht überrumpeln, lautet hier die Frage: *Was ist die optimale Zeitspanne oder Zeitmenge, die Sie für einen guten Führungswechsel einplanen sollten?*

Aus der Erfahrung ergibt sich die optimale Zeitmenge durch zwei Aspekte:

Erstens brauchen Sie *genügend Zeit* dafür, dass der Übergang vom scheidenden zum neuen Leiter sicher und effektiv ist. Zweitens darf diese Übergangszeit auch *nicht zu lange* andauern, damit unerwünschte Probleme vermieden werden, auf die ich noch zu sprechen komme.

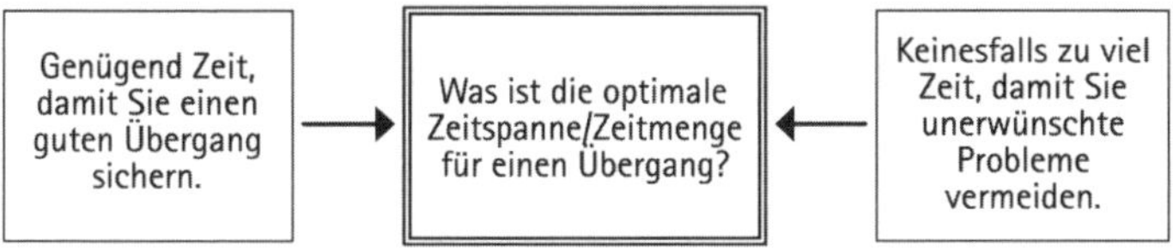

Wofür muss genügend Zeit eingeplant werden?

Zwei Phasen sind hier zeitlich zu bedenken:

Erstens braucht Ihre Firma ausreichend Zeit, um einen Kandidaten zu ermitteln. Wie viel Zeit hier konkret zu veranschlagen ist, hängt von mehreren Faktoren ab:

- Wird der Nachfolger im internen Bereich gesucht oder extern?

- Die Zeit der Kandidatensuche ist branchenabhängig: Je nach Spezialgebiet und Arbeitsmarktsituation muss für die Ermittlung qualifizierter Interessenten unterschiedlich viel Bewerbungszeit berücksichtigt werden.

- Ein weiterer Faktor sind die branchenüblichen Kündigungszeiten, aus denen die jeweiligen Interessenten kommen.

- Je nachdem, welche Auswahl- und Entscheidungsverfahren angewendet werden, ist der dafür notwendige Zeitbedarf unterschiedlich groß: Gibt es zum Beispiel Vorauswahlgespräche? Werden Assessmentcenter durchgeführt? Welche internen Informations- und Entscheidungsprozesse sind hier notwendig?

Zweitens sollten Sie noch ausreichend Zeit zur Verfügung haben, Ihren Nachfolger in dessen Aufgaben einzuführen. Durch eine gemeinsame Übergangszeit können Sie Wissen weitergeben, das Sie in vielen Jahren zusammengetragen und verdichtet haben. Das Betriebs- und Führungswissen von scheidenden Personen gehört zu den wertvollsten Schätzen und zum teuersten Lernpotenzial, das sich eine Organisation sichern kann. Meistens sind diese Informationen in keinen Datenbanken aufgezeichnet, sondern nur über gezieltes Nachfragen zu heben. Daher sind solche gemeinsame Übergangzeiten doppelt wertvoll: für die Leitungs- und die Wissensweitergabe.

Warum darf die Übergangszeit keinesfalls zu lange andauern?

Dass Sie die *Zeit zwischen der öffentlichen Ankündigung und dem tatsächlichen Ausscheiden* auch *möglichst knapp bemessen*, dafür sprechen drei Gründe:

Der erste Grund kann sein, dass ab dem Zeitpunkt Ihres angekündigten Endes die Mitarbeiter mit wesentlichen Fragen und Entscheidungen auf den Nachfolger warten. Notwendige Projekte und Entwicklungen können sich dadurch maßgeblich verzögern.

Der zweite Grund ist, dass Sie selbst in Gefahr geraten, sich nicht mehr zuständig zu fühlen, und Sie diese Tendenz durchaus unbeabsichtigt verstärken; man möchte schließlich dem Nachfolger nichts verbauen oder in den Weg legen. Die Gefahr eines Macht- und Führungsvakuums muss so gering wie möglich gehalten werden.

Der dritte Grund für eine kurz bemessene Übergangsperiode ist die Gefahr Ihrer eigenen vorzeitigen Entmachtung. Diese kann der Fall sein, wenn zum Beispiel der Nachfolger intern bereits feststeht. Wenn die Übergangsphase zu lange dauert, wenden sich die Mitarbeiter mit ihren Interessen dem Nachfolger zu, auch wenn Sie offiziell noch der Chef sind. Sie geraten ins Abseits, je mehr der Neue diese zugetragenen Anliegen aufgreift und je mehr er von sich aus vor der Zeit das Steuerrad der Gesamtleitung in die Hand nimmt.

> Es ist ein Zeichen deiner Reife,
> wenn dein Mut für Veränderungen größer ist
> als dein Bedürfnis, dich an Dingen festzuhalten,
> die ohnehin zu Ende sind.

Wer teilt das Ausscheiden des Leiters mit?

Im Gespräch mit dem nächsthöheren Vorgesetzten soll auch festgelegt werden, wer wen über diese Entscheidung oder diesen Umstand informiert. Die allgemeine Informationsweitergabe sollte tunlichst beim nächsthöheren Chef liegen.

Was ist zu tun, wenn eine Führungsposition akut vakant wird?

Als Grundregel gilt: *Es darf keine führungslose Zeit geben!*

Mitarbeiter wollen wissen, was gilt und an wen sie sich wenden können. Sorgen Sie daher umgehend für eine *Übergangsregelung* und eine *interimistische Leitung* bis zur endgültigen Übernahme durch die neu eingesetzte Führungskraft.

Wer ist für eine *interimistische Leitung* denkbar? Einerseits können Sie diese Leitung einer Führungskraft übertragen, die auf vergleichbarer Ebene in einem anderen Bereich tätig ist. Es ist auch möglich, dass die dienstälteste Person unter den betroffenen Mitarbeitern die interimistische Leitung wahrnimmt, wenn dafür die Fähigkeit vorhanden ist. Aber auch die übergeordnete Führungskraft kann die Leitung interimistisch wahrnehmen.

Eine interimistische Leitung ist nur interimistisch! Das heißt: Dem eingesetzten Interimsleiter, den Mitarbeitern und sonstigen Betroffenen müssen Sie klar mitteilen, dass es sich um eine *vorübergehende Leitung* handelt. Daraus leitet sich kein Recht auf Nachfolge ab.

Wenn eine geeignete Person mit der interimistischen Führung beauftragt wird, ist diese im Normalfall für eine Bewerbung um die tatsächliche Führungsnachfolge keineswegs aus dem Rennen. Sollte das aus Ihrer Sicht der Fall sein, müssen Sie das der Person mitteilen, noch bevor diese die interimistische Aufgabe übernimmt. Für einen Interessenten an der späteren Leitung kann die Interimsleitung eine Chance der Bewährung sein. Alle betroffenen Führungskräfte und Mitarbeiter können mit dieser Person Erfahrungen und Vertrauen sammeln.

Zwei wichtige Hinweise:

- Eine interimistische Leitung sollte gegenüber Mitarbeitern keinesfalls als *provisorische* Leitung bezeichnet werden. Solange jemand leitet – interimistisch oder anders –, leitet er ganz und kompetent, nicht bloß provisorisch! Das ist für die Gefolgschaft der Mitarbeiter gegenüber dem Leiter wichtig.

- Sie müssen auch eine interimistische Leitung offiziell einsetzen und am Ende aus ihrer Verantwortung wieder entlassen. Das kann mit wenigen persönlichen Worten gegenüber der Belegschaft geschehen und mit ein paar Sätzen in den Mitarbeiterinformationen. Für die Belegschaft und die Interimsleitung muss die zwischenzeitliche Rollenverteilung klar geregelt sein: Wann beginnt und wann endet sie? Welche Kompetenzen hat die interimistische Leitung? Wenn Sie zum Beispiel einen Mitarbeiter aus der Belegschaft mit der interimistischen Leitung betrauen, muss der Rollenwechsel dieses Kollegen der Belegschaft bewusst gemacht werden. Am Ende muss dieser interimistische Leiter wieder in die Rolle des Kollegen und in die Belegschaft zurückkehren. Beides müssen Sie selbst als nächsthöherer Vorgesetzter vornehmen.

Es darf keine führungslose Zeit geben!

Sollte eine Führungsposition über eine längere Zeit vakant bleiben und die vereinbarte Interimslösung den Eindruck erwecken, dass es ohne diesen Posten auch geht, sollte in jedem Fall geprüft werden, ob die vakante Führungsposition so oder in modifizierter Form auszuschreiben ist. Manchmal bringen Übergangslösungen neue Lösungsideen, an die Sie vorher nicht gedacht haben. Dann gilt es zu prüfen, was diese Lösungen abdecken und was es zu ergänzen gilt. Damit sind wir bei der nächsten Frage angelangt:

Wird nachbesetzt?

Diese Frage ist in *jedem* Fall sinnvoll und wichtig. Bevor über die Nachfolge nachgedacht wird, muss intern feststehen, ob erstens *überhaupt* nachbesetzt wird, ob zweitens *1 : 1* nachbesetzt wird oder der Bereich zum Beispiel *aufgeteilt* wird. Jedes Ausscheiden einer Führungskraft ergibt eine einmalige Chance, bisherige Strukturen infrage zu stellen. Sie ist eine sich „natürlich" ergebende Gelegenheit für einschneidende strukturelle Maßnahmen, ohne dass Sie zum Beispiel die Kündigung einer Führungskraft vornehmen müssen. Stellen Sie sich daher folgende Fragen: Gibt es Teilbereiche dieser Abteilung, die gut zu einer anderen Abteilung passen würden? Wäre eine Fusion mit einer anderen Abteilung sinnvoll? Warum brauchen wir die Abteilung überhaupt?

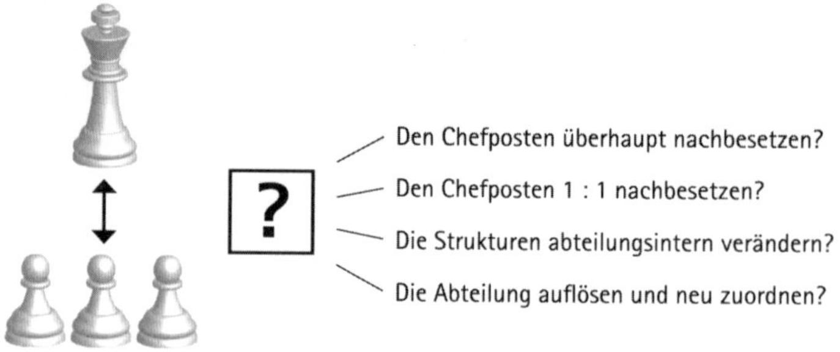

Jedes Ausscheiden einer Führungskraft ergibt eine einmalige Chance, bisherige Strukturen infrage zu stellen.

Wird der Chefsessel nicht mehr nachbesetzt und der damit verbundene Bereich zur Gänze einer anderen Abteilung zugeordnet oder wird er anders aufgeteilt, müssen Sie auf *emotionaler Seite* einiges bedenken, *damit die betroffenen Mitarbeiter mit der Veränderung umgehen lernen können.* Die Mitarbeiter verlieren viel! Sie verlieren das bisher gewohnte „Zuhause". Je nach Umstrukturierungsmaßnahme werden sie „umgesiedelt" und an eine andere Abteilung „angebunden". Außerdem bekommen sie nun deren Chef „vorgesetzt". Wenn Mitarbeiter viele Jahre in ihrem angestammten Bereich tätig gewesen sind, kann eine solche Veränderung emotional irritieren, um es vorsichtig auszudrücken. Aus ihrem Blickwinkel verändert sich fast die ganze Firma.

Dazu kommt, dass diese Mitarbeiter nicht nur mit der neuen Situation umgehen lernen und diese akzeptieren müssen. Sie müssen sich auch von der alten Struktur und Führungssituation verabschieden. *Sie müssen das Ende erst realisieren:* „Wir haben bis zum Schluss gehofft ... Es ist aus! Schade, dass es so nicht mehr weitergeht!" *Erst wenn die betroffenen Mitarbeiter das Ende ausreichend akzeptieren und die Gelegenheit haben, die vergangene Zeit zu betrauern und zu würdigen, werden sie sich der neuen Situation zuwenden können. Typische Sätze des Abschieds und der Würdigung sind:* „Wir haben gute Arbeit geleistet!" Und: „Jungs, es war eine tolle Zeit, die wir gemeinsam hatten!" Sie müssen dafür sorgen, dass diese Themen ihren Platz bekommen. Übergehen Sie diese emotionale Umstellungsphase, lebt der „alte Bereich" weiter.

Menschen lassen sich nicht umstellen wie Maschinen.
Sorgen Sie bei den Betroffenen auch für die innere Veränderung,
sonst verändert sich nichts.

Auch die Gruppe der Mitarbeiter, die sich ihren Chef nun mit anderen teilen muss, braucht Zeit, um sich mit den „Neulingen" zurechtzufinden.

Zusammengefasst kann man sagen: Wenn Sie Umstrukturierungsmaßnahmen planen, müssen Sie die Situation auch danach prüfen, welche emotionalen Veränderungen zu bedenken sind. Wenn Sie zum Beispiel Bereiche oder Abteilungen zusammenlegen, müssen die Betroffenen eine neue gemeinsame Abteilungskultur entwickeln. Die neue Abteilung braucht aufgrund ihrer Größe eine andere Führungsstruktur. Oft müssen bisher bestehende Rollenbilder von der jeweils anderen Gruppe erst noch abgebaut werden, damit sich eine gemeinsame Vertrauensbasis für die zukünftige Zusammenarbeit entwickeln kann.

Bei Umstrukturierungsmaßnahmen gibt es aber nicht nur davon betroffene Mitarbeiter. Es gibt auch davon betroffene Leiter. Wenn Sie zum Beispiel als Chef einer Abteilung die Mitarbeiter eines aufgelassenen Bereichs *dazu*-bekommen, müssen Sie darauf achten, dass Sie die neuen Mitarbeiter nicht auch so behandeln, nämlich als *Dazu*-gekommene. Nach einer *Phase der Eingewöhnung, in der Dazu-gekommene Ihren Schutz und den Status der Neuen besitzen,* ist es wichtig, dass erstens Sie für diese Mitarbeiter auch der neue Vorgesetzte werden und zweitens für diese Mitarbeiter der Normalstatus gilt: Sie sind in Rechten und Pflichten allen anderen Mitarbeitern gleichgestellt. Mit dieser Thematik streifen wir das Thema der Adoption von Mitarbeitern, auf das später noch genauer eingegangen wird.

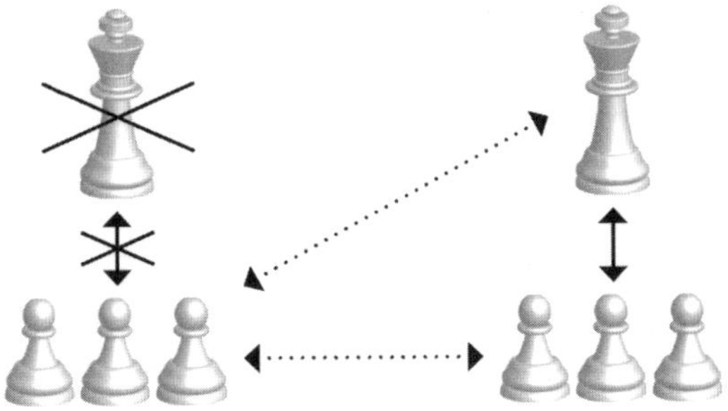

Vielleicht scheinen Ihnen diese Hinweise auf die emotionalen Aspekte bei Veränderungen überzeichnet zu sein. In den meisten Fällen werden Veränderungen jedoch von den Betroffenen emotional genau so erlebt. Meine Erfahrung ist, dass vor allem männliche Führungskräfte Gefahr laufen, diese emotionalen Aspekte bei Veränderungen zu unterschätzen. Viele Chefs betrachten betriebliche Umstrukturierungen mehr aus betriebswirtschaftlicher und organisatorisch-technischer Sicht und verstehen dann viele emotionale Vorgänge im Umfeld ihrer eigenen Maßnahmen nicht. Es kommt natürlich auf den jeweiligen Fall an, wie intensiv auf eine Veränderung durch bewusste Maßnahmen wie eine Klausur eingegangen werden muss. Mitarbeiter lassen sich jedoch nicht umstellen wie Maschinen. Wer die emotionalen Seiten bei Veränderungen unterschätzt, wird dafür die Rechnung in unterschiedlichen Formen von Widerstand präsentiert bekommen.

III. WER WIRD THRONFOLGER?

Wer ist der „Richtige“ für die Nachfolge?

Wie finde ich den „richtigen" Nachfolger für die zu besetzende Führungsposition?

> Man wählt, um ein Schiff zu steuern, nicht denjenigen von den Reisenden aus, der dem vornehmsten Geschlecht entstammt.
>
> *Blaise Pascal*
> *(Philosoph, Mathematiker und Physiker, Begründer der Wahrscheinlichkeitsrechnung)*

Ein *Bündel von Kriterien* entscheidet darüber, ob Sie die richtige Personenwahl treffen. Daher gibt es auch kein generell funktionierendes Rezept, nach dem Sie sich einen Nachfolger erfolgreich „backen" können, nach der Devise: „Zuerst nehmen Sie ... und danach verrühren Sie ..." Vielmehr müssen Sie für eine gute Personalentscheidung in einer Chefposition bestimmte Fragen und Themen genauer beleuchten. Welche davon im konkreten Besetzungsfall für die Entscheidung maßgebend sind (= diese geben die Maße vor), ist *stets* neu zu prüfen.

Generell gilt: *Verabschieden Sie sich von dem Gedanken, den „objektiv Besten" zu suchen!* Die Frage ist: *Wer ist der „konkret Beste" für diese ausgeschriebene Führungsposition unter den Umständen, wie sie im Moment konkret vorherrschen und für die nächste Zeit zu vermuten sind?* Folgende Fragen sind in einem Besetzungsfall auf die tatsächlich agierenden Personen und Entscheidungsträger und die konkrete Firma abzustimmen:

- Was sind *Ihre eigenen Erwartungen* an die Führungskraft – generell gesehen und hinsichtlich der ausgeschriebenen Führungsposition?

- Wenn Sie an die konkreten Personen der *nächsthöheren Führungsetage* denken oder an *andere Personengruppen*, die in diesem Fall von Bedeutung sind: Was sind deren (geheime) Erwartungen an die zukünftige Person in dieser Position? Was möchte diese (keinesfalls)?

- Was ist mit der *konkreten Belegschaft*, die von dieser Entscheidung am meisten betroffen ist? Was sind deren Befürchtungen und Erwartungen? Wen braucht diese konkrete Gruppe oder wer ergänzt sie am besten?

- In welchem „Segment" arbeitet Ihre *Firma*? Welche Werte vertritt oder lebt sie? Welche typische Kultur prägt sie? Welche Anforderungen und Erwartungen ergeben sich daraus für die Bewerber?

Kann er leiten?

Die generelle Leitungsfähigkeit ist natürlich zu prüfen. Für Führungsebenen zugeschnittene Übungen und Tests können Ihnen zeigen, wie sich jemand unter schwierigen Umständen grundsätzlich verhält: Wie agiert jemand in emotional aufgeladenen Situationen? Wie entscheidet jemand unter Stress und in Dilemmasituationen? Wie führt eine Person eine Gruppe? Wie versteht sie ihre Führungsrolle? In diesem Fragenbereich können Sie interne Experten und externe Beratungsfirmen qualifiziert unterstützen.

Überlassen Sie nicht die ganze Verantwortung den Beratern. Das wäre ein Missverständnis in der Rollenaufteilung. Es ist Ihre Aufgabe zu prüfen, *worauf Sie persönlich Wert legen.* Damit tauchen wir langsam in den Beleuchtungskegel des Konkreten ein: An welche konkreten Knackpunkte denken Sie, an denen sich die Person in dieser Position wird beweisen müssen?

Wovon möchten Sie sich auch selbst überzeugen? Was muss ein Bewerber beherrschen, was Sie für entscheidend halten? Manches sehen Sie nur, wenn Sie es selbst sehen: Sie müssen mit dieser Person arbeiten, nicht die Beratungsfirma. Nützen Sie Ihre eigenen Kontakte, um direkt oder indirekt Auskunft über den Bewerber zu erhalten. Je mehr Sie auf das angewiesen sind, was Ihnen ein Kandidat erzählt, desto wichtiger sind Tests, Ihre persönliche Überprüfung der Kernqualifikationen sowie die Vereinbarungen für die Probezeit und die Ausstiegsklauseln aus dem Vertrag.

Wie steht es um die konkrete „Verträglichkeit"?

Bevor Sie Führungskräfte einstellen und Verträge unterschreiben, sollten Sie das Wort *„Vertrag"* doppelt lesen und prüfen: Verträge sind dazu da, dass man sich später auch *verträgt.* Das heißt, dass die mit diesem Job verbundenen Bedingungen, Aufgaben und Kompetenzen vorher klar sind. *Sprechen Sie Klartext – auch im Detail –, dann wissen auch Sie, was der Neue macht.* Gerade bei Besetzungen von Führungsposten wird oft mehr angenommen als offen ausgesprochen, welche Aufgaben genau zu leisten sind und welche inhaltlichen Erwartungen man an den Leiter in dieser Position hat.

Eine weitere Bedeutung des Wortes „*Vertrag*" liegt in *emotionalen Verträglichkeiten und informellen Erwartungen* zwischen dem Neuen und den betroffenen Personen im Betrieb. Es kann noch so viel inhaltlich klar und schriftlich fixiert sein: Wenn die *emotionale Verträglichkeit*, das Miteinander-Wollen und -Können und das gegenseitige Vertrauen fehlen, ist ein Scheitern bereits vorprogrammiert, noch bevor richtig gestartet ist. Um diese emotionale und informelle Verträglichkeitsprüfung geht es nun.

Verträge sind dazu da, dass man sich verträgt.
Dafür müssen die Inhalte und Vertragsbedingungen klar sein;
vor allem die nicht sichtbaren,
das Kleingedruckte.

Kann ich mit dem Bewerber?

Will ich mit dieser konkreten Person zusammenarbeiten? Von dieser Frage hängt letztlich ab, welche Informationen Sie an diese Person *tatsächlich* weitergeben werden, wieweit Sie diese in Ihr Vertrauen ziehen. Oftmals wird gerade diese zentralste Frage in Auswahlverfahren sehr wenig berücksichtigt, an- und ausgesprochen. Das liegt auch daran, dass die gewählten Formen und Inhalte von Auswahlverfahren manchmal an externe Berater und betriebsinterne Fachleute delegiert werden. Dieser Umstand kann dazu führen, *dass die wichtigsten Personen des Betriebes, auf die es in diesem Fall ankommt, ob es mit der neuen Führungskraft zukünftig klappen wird, nur am Rande involviert sind.* Manchmal überlassen Führungskräfte der „oberen" Etagen diese „Dinge" gerne den

Fachleuten. Aus Gründen wie Zeitdruck und anderen anstehenden Aufgaben wollen sie sich mit zu treffenden Personalentscheidungen grundsätzlich möglichst wenig beschäftigen. Dieses Faktum stellt im Hinblick auf misslungene Personalentscheidungen ein Grundproblem dar. Denn Chefs haben – bewusst oder unbewusst – sehr klare Vorstellungen und ein Gefühl dafür, was sie sich von ihren nächsten Führungskräften erwarten. Selten werden diese Erwartungen von Chefs offen ausgesprochen. Die externen Berater kennen sie nicht. Auch die internen Experten können nur Vermutungen aus der Erfahrung anstellen.

Kann ich mit ihm? Überlegen Sie bei der jeweils zu besetzenden Führungsposition, wer aus der Führungsetage sich mit dieser Frage beschäftigen muss, bevor eine endgültige Entscheidung getroffen wird. Manchmal muss auch das Forum gut überlegt werden, in welchem Rahmen zum Beispiel Sie als Chef Ihre Fragen stellen können. Für manche Fragen kann es wichtig sein, dass die Belegschaft nicht anwesend ist oder nur bestimmte Personen Ihres Vertrauens.

> Stellen Sie sicher,
> dass die in *diesem* Fall wichtigsten
> Personen des Betriebes
> die Bewerber „geprüft" haben.

Passt er zum Team?

Passt er zur konkret vorgesehenen Gruppe oder Abteilung? Das kann kein außen stehender Berater und in vielen Situationen auch kein Verantwortlicher der Personalabteilung abschätzen. Am ehesten wissen es die Betroffenen selbst oder der benannte Vertreter. Die *konkret* Betroffenen müssen hinsichtlich eines Kandidaten das Gefühl haben, dass es Gemeinsamkeiten gibt: eine gemeinsame (Denk-)Art, einen gemeinsamen Nutzen, mögliche gemeinsame Allianzen oder einen Werdegang des Kandidaten, mit dem die Betroffenen Positives assoziieren. In Summe muss sich für die Gruppe ein *deutlich spürbares Maß an emotionaler und menschlicher Anschlussfähigkeit* abzeichnen. Sie brauchen die Entscheidung der Betroffenen, die Ihnen sagt: „Diesen und jenen können wir uns vorstellen, die anderen nicht."

Die Frage der Verträglichkeit der möglichen neuen Führungskraft mit den konkret Betroffenen gehört zu den wesentlichsten Fragen überhaupt. Es ist wie in der Chirurgie, wenn sich die Frage stellt, ob der konkrete Patient das sorgfältig ausgewählte Organ tatsächlich annehmen wird. Für Ärzte ist es zum Beispiel undenkbar, ein Organ zu implantieren, wenn die Blutgruppe nicht passt oder wenn der Organismus Anzeichen der Abstoßung signalisiert. Auch jeder Installateur, um einen anderen Bereich zu nennen, achtet beim Austauschen und Einsetzen von neuen Teilen darauf, dass nach diesem Vorgang vertretbare Druck- und Spannungsverhältnisse gegeben sind und sich die ersetzten Teile mit dem übrigen System vertragen. Beim Einsetzen von Führungskräften kann einem manchmal ein Schauer über den Rücken laufen, wie oft die Prüfung der Verträglichkeit übergangen wird.

> Für Ärzte ist es undenkbar,
> ein Organ zu implantieren,
> das der Organismus ablehnt.

Passt er zu Ihrer Firma und Ihrer Wertewelt?

Oft besteht im Zuge der Neubesetzung einer Schlüsselposition der Wunsch, mit ihr einen „frischen Wind", einen

„neuen Schwung" in den Bereich zu bringen. Aus diesem verständlichen und berechtigten Interesse heraus richtet sich meist der Blick auf die externen Bewerber: „Es sollte jemand von auswärts sein." Wenn auch Sie in einem konkreten Fall in diese Richtung denken, empfehle ich Ihnen zu prüfen, ob das auch realistischerweise möglich ist: Passt er zu Ihrer Art von Firma? Kann er mit den grundlegenden Werten Ihres Betriebes etwas anfangen? Wird er mit und in Ihrer Welt zurechtkommen? Es geht schließlich um eine Schlüsselposition.

Bewerbern aus artverwandten Einrichtungen sind interne „Spielregeln", Kulturen und Wertewelten innerhalb dieser Branche zu einem Gutteil vertraut. Wenn zum Beispiel jemand in der Welt der Banken oder Versicherungen „zu Hause" ist, ist vermutlich seine Bewerbung für einen Führungsposten innerhalb dieser Zone wenig problematisch. Wenn sich diese Person für eine Schlüsselposition in einer gänzlich anderen „Welt" bewirbt, kann es der Fall sein, *dass die Unterschiede in der Firmen- und Führungskultur zu groß sind.* Dann nützt es auch nichts, wenn diese Person fachlich ein Profi ist und viele andere Dinge passen. Wenn sich zum Beispiel deren Art zu führen und deren Erwartungen nach „oben" nicht mit Ihrer Kultur vertragen, kann ein erhoffter Wind für andere auch zum Gegenwind für Sie selbst werden. Schätzen Sie ein, ob das *gewünschte Neue* später auch *nicht zu fremdartig* sein wird. *Was sagt Ihnen beim konkreten externen Bewerber Ihr Gefühl?*

Will er führen?

Führen heißt:
eine Richtung weisen
und dafür Gefolgschaft bekommen.

Führst du? Wirst du führen? Diese Fragen gehören zu den heikelsten. Stellen Sie sich vor, *Ihnen* wird diese Frage gestellt, oder Ihre Mitarbeiter werden danach gefragt, wie Sie Ihre Führung wahrnehmen. Darauf kann es im Grunde nur zwei Antworten geben: ein JA oder ein NEIN. Die Fragen berühren den Motivationskern einer Führungskraft: „Warum sitzt du in diesem Leitungsstuhl? Was leitet dein Handeln?"

Die Alltagspraxis ist eine andere: Viele *haben* eine Führungsposition, aber *sie führen nicht.* Die Führung „gehört halt zu ihrem Job *dazu*", wie es Führungskräfte selbst ausdrücken. Dieser Missstand hat unterschiedliche Wurzeln:

- Führen wird in vielen Unternehmen als schwierige und ungeliebte Nebenbeschäftigung verstanden. Eine Führungskraft formulierte es so: „Sechs Mitarbeiter – sechsmal Kopfschmerzen!"

- Viele Führungskräfte haben so viele eigene fachliche Aufgaben und Funktionen, dass das Führen der Mitarbeiter in den Hintergrund rückt. Wenn sich diese Praxis des Chefs einmal eingespielt hat, findet nur mehr selten eine Veränderung in den Prioritäten dieser Führungskraft statt.

- Viele Führungsaufgaben finden ihre Abnehmer aus anderen Gründen: „Ich habe damals den Bereich übernommen, weil sich sonst niemand gefunden hat." Oder: „Der Chef hat mich darum gebeten. Er hat gemeint, dass das für mich nicht so viel an Mehrarbeit bedeuten würde. Ich habe schließlich zugesagt." Oder: „Ich war der Jüngste." Oder: „Einer musste schließlich die Leitung übernehmen." Hier wird offen gesagt, was sich in den Gedanken und Herzen vieler Führungskräfte abspielt: Sie sind erst in *zweiter Linie* Führungskräfte.

- Sehr oft unterliegen Chefs und Personalentscheider dem *Trugschluss, dass gute Fachkräfte auch gute Führungskräfte sind.* Viele gute Fachkräfte sind deshalb so gut, weil sie das, was sie tun, mit all ihrer Leidenschaft erfüllen. Wer führen will, muss seine Gedanken und sein Herz in die Führungsaufgaben stecken: Ziele klären, Entscheidungen treffen, vorangehen, Menschen führen, Probleme anpacken und vieles mehr. Ein Experte ist bei der Übernahme einer Führungsaufgabe meist damit konfrontiert, seine bisherige Herzensbeschäftigung, das fachliche Arbeiten, wesentlich zu reduzieren. Je größer sein zukünftiger Bereich ist und je mehr Personen er dort zu führen hat, desto mehr muss das Fachliche dem Führen weichen. Ab etwa 20 Mitarbeiter ist eine Führungskraft zur Gänze nur mit Führungsaufgaben ausgelastet.

Wenn Sie nun einen Bewerber vor sich haben: Versteht sich dieser Kandidat in seiner Position als Führungskraft oder wird er das vermutlich nur *zusätzlich* sein? Der Unterschied liegt in der Leidenschaft der Person, zu führen oder inhaltlich-fachlich tätig sein zu wollen. Der Unterschied liegt ferner darin, wie sehr der Bewerber dann wo „präsent" sein wird: inhaltlich, emotional und zeitlich. Der Unterschied liegt schließlich darin, wem sich diese Person letztlich mehr verpflichtet fühlt: dem Inhaltlichen, der Führungsverantwortung oder vielleicht auch anderen Dingen (Beschäftigungen, die zum Beispiel der Freizeit zuzuordnen sind).

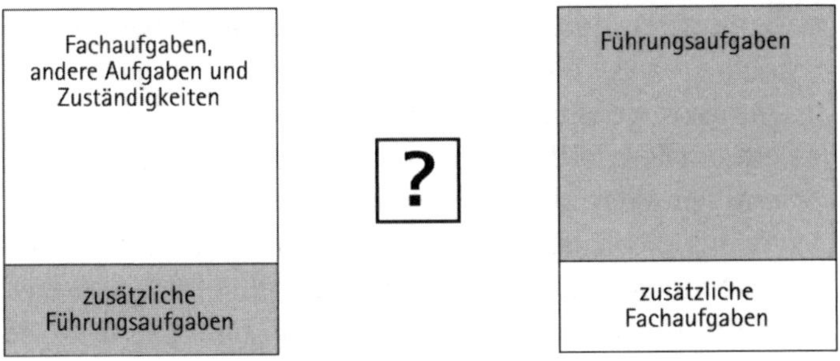

Fragen Sie sich bei der Besetzung einer Position: Was wird beim jeweiligen Kandidaten auf dessen *innerer* Aufgabenliste vorne sein? Welche Leidenschaft(en) nehmen Sie beim Kandidaten wahr? Was wird er als seine *eigentliche und erste* Arbeit verstehen? Wofür wird sein Herz schlagen? Wofür wird er sich weniger zuständig fühlen? Was sind seine Schwächen?

Fragen Sie sich, wenn Sie der zuständige Vorgesetzte der neuen Führungskraft sind: *Welche Prioritäten erwarten Sie sich in diesem Job?* Soll sie im Vollsinn des Wortes Führungsverantwortung übernehmen? Soll die Person das in zweiter Linie tun? Wollen Sie in dieser Position einen „Koordinator" für eine Gruppe? *Sie dürfen sich keine Führungskraft „bestellen", wenn Sie für diesen Bereich keine echte Führung wollen.* Hier sind wir wieder im Bereich der selten offen gelegten Interessen von Vorgesetzten. Als Chef sollten Sie ehrlich sein und im Rahmen der Auswahlverfahren Ihre Erwartungen eindeutig artikulieren. Dass Sie in solchen Fragen mit offenen Karten spielen, liegt in Ihrer Verantwortung und nicht in jener der Beratungsfirma.

> Sie dürfen sich keine Führungskraft
> bestellen,
> wenn Sie für diese Position keine echte
> Führung wollen!

Soll es ein Interner oder Externer sein?

Gibt es im eigenen Unternehmen eine Person, die Sie für geeignet halten? Wenn das der Fall ist, ist dieser Person Vorrang vor einer externen Besetzung zu geben. Wenn das nicht der Fall ist, lautet die nächste Frage: Gibt es jemanden im Betrieb, der das *Potenzial* dazu hat? Ist das der Fall, ist dieser Person eine Chance zu geben. In den meisten Fällen ist eine interne Besetzung einer externen vorzuziehen. Warum?

Das hat mit einer weiteren Frage zu tun: Wer besitzt nach der *„inneren"* Ordnung in einem Unternehmen das Recht der Nachfolge in eine frei gewordene Führungsposition? Der Begriff der inneren Ordnung stammt aus der Familien- und Systemtherapie und der Organisationsaufstellung. Er bezeichnet unsichtbare Regeln und Grundsätze, die in sozialen Systemen entstehen. Zum Beispiel gibt es die Regel in der Tierwelt, dass der Stärkere einen höheren Rang hat als der Schwächere und dass ältere Tiere einen höheren Rang haben als jüngere. Eine weitere solche „naturgegebene" Ordnung ist die *zeitliche Reihenfolge*: „Ich war zuerst da!" Diesen Satz haben Sie sicher schon selber oft gesagt oder sich gedacht. Denken Sie an die Warteschlange im Supermarkt vor der Kasse, wenn sich jemand vordrängen wollte: „Ich war früher da als du. Daher habe ich ein Anrecht darauf, vor dir dranzukommen!" Dieses Anrecht, das sich aus der Rangordnung in der zeitlichen Reihenfolge ergibt, gilt ebenso für die Nachfolge in eine Führungsposition im Betrieb. Nach dieser Ordnung hat der dienstälteste Mitarbeiter das Erstlingsrecht der Nachfolge. Kommt der Dienstälteste aus klar begründbaren Überlegungen nicht als Nachfolger infrage, steht dem Nächstgereihten dieses Recht zu, wenn er aufgrund seiner Qualifikation dazu berechtigt ist. Das bedeutet: Ein

Externer ist in diesem Ordnungsverständnis und damit im Recht auf die Führungsnachfolge immer der *Jüngste*!

Ein qualifizierter Interner kennt die Unternehmenskultur, die internen Abläufe, die Einrichtungen und kann auf seinem intern bestehenden Kommunikationsnetzwerk aufbauen.

Ein qualifizierter Interner ist intern bekannt. Sie wissen in vielerlei Hinsicht, was seine Stärken und Defizite sind. Das Risiko ist damit zu einem Teil auch kalkulierbar. Ein Externer hingegen besitzt die meisten Unbekannten und Unsicherheitsfaktoren.

Ob ein Externer von jenen Internen akzeptiert werden wird, die im Zuge der Auswahl und Entscheidung abgelehnt worden sind, ist ein weiteres Risiko, das Sie sich einhandeln können. Abgelehnte interne Kandidaten sind zuerst einmal enttäuscht. Deren zukünftige Motivation zur Mitarbeit ist noch unklar. Oft ist der externe Mitbewerber der neue Chef, der ihnen nun vorgesetzt wird. Aus diesem Fokus heraus wird der abgelehnte Interne die Fähigkeit des Externen mit der Goldwaage prüfen. Besteht der Externe diese Prüfung nicht, ist mit Demotivation und anderen Arten des Widerstands zu rechnen. Das beginnt bei subtileren Formen wie dem Vorenthalten von Informationen, geht über den Dienst nach Vorschrift und reicht bis hin zum Kampf mit offenem Visier. Wenn eingestellte externe Kandidaten in geforderten Kompetenzen nicht *entschieden* besser sind als jeder mögliche interne Kandidat, veranlassen Sie gute Interne zum offenen Widerstand, zur inneren oder tatsächlichen Kündigung.

Eine weitere innere Ordnung, die Interne vor Externe setzt und berücksichtigt werden muss, ist die *Reihung nach der Zugehörigkeit*: Wer zum Team gehört, hat hier mehr Rechte als Neue von außen. Wer zur „Familie" gehört, hat Vorrechte vor anderen. „Dasige", wie es im Volksmund heißt, rangieren vor „Zugereisten". Ein Interner rangiert damit im Anspruch vor einem Internen aus einem anderen Bereich. Dieser wiederum besitzt das Vorrecht vor einem gänzlich externen Bewerber.

Diese Rangordnungen – so scheint es – besitzen grundlegendere Wirkung als etwa ein Vorzug einer (externen) Person aufgrund ihres Geschlechts: Wer war früher da? Wer gehört näher zum Team, zur Gruppe und zur Organisation?

Einen Externen für die Führungsposition in Betracht zu ziehen könnte zum Beispiel dann Sinn machen, wenn im betroffenen Bereich eine Lagerbildung vorherrscht. Die Ernennung eines von auswärts kommenden Kandidaten kann zur Entschärfung der Situation beitragen. Aber auch hier dürfen Sie die Rechte der Internen nicht einfach übergehen.

Wie kann ich als Angefragter prüfen, ob ich zur Führung bereit und der Richtige bin?

Auch Sie können *angefragt werden*, eine bestimmte Führungsaufgabe zu übernehmen. Für diesen Fall können Ihnen folgende Fragen hilfreich sein, um eine gute Entscheidung zu treffen:

- Will ich führen? Eine Führungsaufgabe kann für mich den (gänzlichen) Abschied von meinen bisherigen Expertenaufgaben bedeuten. Habe ich Interesse an Führungsaufgaben und am Führen von Menschen? Möchte ich in solche Aufgaben hineinwachsen? Wo fehlen mir noch Antworten, die ich für eine endgültige Entscheidung benötige?

- Traue ich es mir zu, diesen Bereich zu führen? Welche Erwartungen sind fachlich, emotional und firmenpolitisch mit dieser Führungsaufgabe verbunden? Will ich diese Erwartungen erfüllen? Wer kann mich dabei unterstützen? Auf wen kann ich zählen? Mit welchen Schwierigkeiten muss ich rechnen? Was spricht für mich, dass ich diesen Job gut machen werde?

- Wer wird mein zukünftiger Vorgesetzter sein? Habe ich hier die Möglichkeit, viel zu lernen? Werde ich mich bei ihm weiterentwickeln können? Existiert zu ihm eine Vertrauensbasis, auf der sich aufbauen lässt? Welche Trainerqualitäten hat er? Ein Chef ist mit einem Mannschaftstrainer vergleichbar: Mit einem sehr guten Trainer werde ich gefördert und gefordert werden. Die Chancen sind hoch, als ganze Gruppe und als Einzelperson in die nächste Liga aufzusteigen. Mit einem guten Trainer wird der Klassenerhalt gesichert sein. Mit einem mittelmäßigen oder schlechten Trainer muss ich immer wieder auf Probleme gefasst sein. Ein Abstieg kann in vielerlei Hinsicht nicht ausgeschlossen werden.

- Passe ich in dieses Team? Was ist mir von dessen Kultur und Philosophie bekannt? Auch ein firmeninterner Wechsel in einen anderen Bereich kann in größeren Betrieben einem Wechsel in eine ganz andere Welt gleichkommen.

Als letzte Klärungshilfe und Prüfung Ihrer Entscheidung möchte ich Ihnen drei Kriterien anbieten, die dem Begründer des Jesuitenordens, Ignatius von Loyola, zugeschrieben werden:

1. Prüfe deine Frage *im Bauch*: Was ist das erste Gefühl, der erste Impuls, der erste Gedanke?
2. Prüfe deine Frage *am Herzen*: Werde ich dabei ruhig und gelassen?

3. Prüfe deine Frage *am Verstand*: Ist das, was ich vorhabe, vernünftig? Wägen Sie dazu sämtliche Pros und Kontras ab.

Nur wenn Sie alle drei Fragen mit einem klaren JA beantworten können, sind Sie wirklich entschieden. Ist das nicht der Fall, empfiehlt Ignatius: „Ändere im Nebel niemals deine Richtung!"

Wer trifft die Entscheidung darüber, wer die neue Führungskraft wird?

Kehren wir zur Entscheidung der Organisation zurück. In vielen Betrieben liegt diese Entscheidungskompetenz beim Chef des Betriebes oder bei der Person, die für diese Position die übergeordnete Führungskraft ist. In größeren Unternehmen erfolgt diese Entscheidung gemeinsam mit den Personalverantwortlichen, da neben fachlichen Fragen rechtliche und gehaltsbezogene Komponenten zu beachten sind.

Was erwarten sich die Gebenden von den Nehmenden?

Es geht hier um die Frage: Wer hat *die Macht, den Job zu ver-geben*? Erfahrungsgemäß fühlt sich eine Person – in diesem Fall die neue Führungskraft – mit jener Person oder Gruppe stärker verbunden, von der sie diesen Job erhält. *Aus der Dankbarkeit dafür leitet sich beim „Beschenkten" das Gefühl ab, den Gebern „verpflichtet" zu sein;* zumindest diesen mehr als anderen im Betrieb. Die Bindung von Empfangenden und Gebenden ist mit der Rolle der Eltern gegenüber ihren Kindern vergleichbar: Ein Kind erhält seine Existenz erst durch die Eltern. Übertragen auf unser Thema bedeutet das: Der Bewerber erhält seine Existenz in dieser

Position erst durch den oder die Entscheider. Dieser schöpferische Akt, jemanden in seine Existenz zu heben, ist in seiner Wirkmächtigkeit eine Tatsache. Wie sehr nun diese „Dankbarkeit" von den Gebenden eingefordert und ausgenützt oder von den Erhaltenden von sich aus gegeben wird, ist in beiden Fällen ganz unterschiedlich. Hier spielt sicherlich die menschliche Reife eine wesentliche Rolle.

> Du sollst die Hand nicht schlagen,
> die dich nährt.
> *Sprichwort*

Eine Kernerwartung derer, die jemanden in eine Führungsaufgabe einsetzen, ist Loyalität ihnen gegenüber. Wem gegenüber eine neue Führungskraft loyal ist, zeigt sich bei Interessenkonflikten zwischen den Parteien, wenn sie zum Beispiel zwischen Arbeitgeber- und Betriebsratsinteressen gezwungen ist, offen zu legen, wem die *erste* Loyalität gilt und wem die *zweite*.

Zwei Grundausrichtungen sind hier voneinander zu unterscheiden: Erfolgt die Einsetzung einer Führungsposition durch eine Bestellung von „oben", zum Beispiel durch den Firmenchef oder Vorstand, wird die *erste* Loyalität von diesen erwartet und erst in zweiter Linie anderen gegenüber, zum Beispiel gegenüber den Mitarbeitern oder dem Betriebsrat.

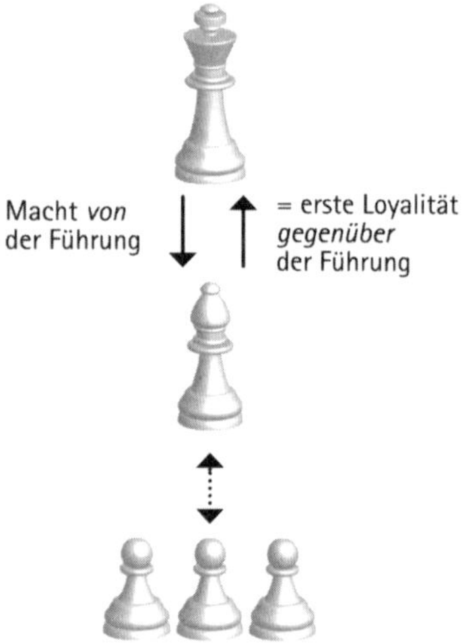

Erfolgt die Einsetzung einer Person in ihre Position und Führungsaufgabe durch eine Wahl, erwarten die Wähler von Ihnen Ihre *erste* Loyalität.

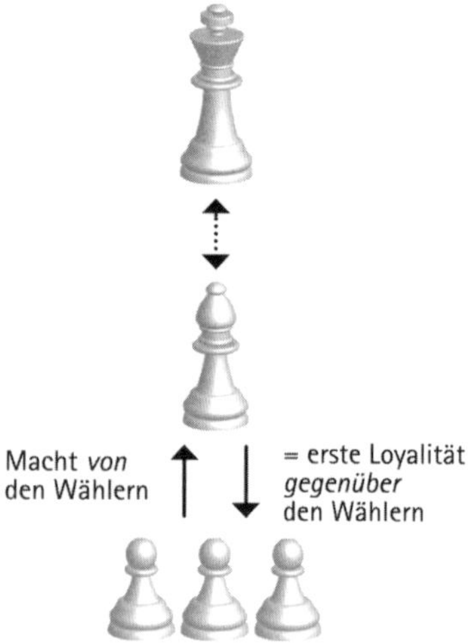

Wenn Sie als neu ernannte oder als gewählte Person diese Priorität in der Loyalität missachten, wird das von denen als

Vertrauensbruch und „Verrat" gewertet, die Sie in diese Position gebracht haben.

In einigen Organisationen gibt es *Mischformen* in der Entscheidungsfindung. Sie sind in der Frage der Ermächtigung und der damit verbundenen Frage der *ersten* Loyalität diffus: wenn zum Beispiel die Liste jener Personen von „oben" erstellt worden ist, aus denen ein Kandidat gewählt werden darf. In einem solchen Fall ist die Wahl de facto eine Bestellung. Die erste Loyalität wird im Ernstfall von den „Oberen" eingefordert werden! Für die betroffene Führungskraft kann eine solche Entscheidungsfindung bedeuten, von jeder Seite in die Pflicht genommen zu werden. Im unbewussten oder bewussten Wissen um diese Mechanismen flüchten sich Führungskräfte zum Beispiel gerne in die Zone der Neutralität: „Man halte sich hier heraus." Führungskräfte laufen hierbei Gefahr, „impotent" zu werden: Sie verlieren dadurch ihre Führungs-Kraft!

Es ist nicht zu glauben,
wie schlau und erfinderisch die Menschen sind,
um Entscheidungen aus dem Weg zu gehen!
Søren Kierkegaard

Müssen Mitarbeiter in Personalentscheidungen eingebunden werden?

Um bei Personalentscheidungen, die von „oben" getroffen werden, Mitarbeiter nicht zu demotivieren, dürfen Sie keine scheindemokratischen Entscheidungsprozesse vorgaukeln! Wenn Sie als Chef eine Personalentscheidung von „oben" treffen können und es auch tun, dann stehen Sie dazu; auch zu den allfälligen Folgen, die Sie dann zu verantworten haben! Ob für bestimmte Führungspositionen ein Votum der Mitarbeiter eingeholt und berücksichtigt wird, ist eine Frage der Werte, Ziele und Interessen, die Sie verfolgen oder die Verantwortlichen in Ihrer Organisation. Damit stoßen wir erneut auf die Frage der Verträglichkeit vonseiten der Belegschaft. Je mehr Sie Mitarbeiter in wichtigen Personalentscheidungen zum Beispiel durch ein Votum berücksichtigen, desto stärker wird deren Identifikation mit dem Ergebnis sein – auch im Fall des Scheiterns. Das ist jedoch nicht der Fall, wenn sich die Führungsebene gegen das Votumergebnis der Mitarbeiter entscheidet, ohne dafür eindeutig nachvollziehbare Gründe vorzulegen.

> „Wir haben Sie als Chef bekommen.
> Wir haben Sie nicht bestellt.
> Das sollten Sie wissen."
>
> *Ein Mitarbeitervertreter anlässlich der Ernennung seines neuen Leiters*

Sollen Sie den scheidenden Leiter in die Entscheidung über den Nachfolger einbinden?

Es wird im Einzelfall darauf ankommen, was erstens der Grund für dessen Ausscheiden ist, und zweitens, welche „klimatischen" Umstände den Abgang des bisher Leitenden begleiten. Im positiven Fall könnten Sie als nächsthöherer Vorgesetzter diese Person um einen Rat bitten. Die *Rolle des Beratens vor dem Hintergrund der Erfahrung* wird von Scheidenden als angemessen und als Wertschätzung empfunden. Soll der Scheidende mitentscheiden können, wer sein Nachfolger wird? Eine „Entlastung" von dieser

Entscheidung ist anzuraten, zumal die Auswirkungen der Entscheidung den Scheidenden selbst nicht mehr betreffen – zumindest im Normalfall.

Bei Inhabern von selbstständigen Unternehmen ist die Lage in dieser Frage anders. Hier entscheidet der scheidende Eigentümer über seinen Nachfolger.

IV. DIE INTHRONISATION

Der designierte Regent wird eingesetzt.

Die neue Führungskraft wird bekannt gegeben

Informieren über die Personalentscheidung

Wenn die Entscheidung gefallen ist, müssen Sie als Nächstes über das Ergebnis informieren, wer die designierte neue Führungskraft ist. Für diesen Informationsprozess sollten Sie einiges beachten:

- Im Normalfall ist es der nächsthöhere Vorgesetzte, der darüber in geeigneter Weise informiert. Die von dieser Entscheidung betroffenen Mitarbeiter sehen es als ihr emotionales Recht an, vom zuständigen Vorgesetzten und nicht von jemandem aus der zweiten Reihe informiert zu werden.

- Ein bloßer Name ist zu wenig. Die Mitarbeiter wollen von Ihnen als Verantwortlichen wissen, welche maßgeblichen Gründe zu dieser Entscheidung geführt haben. Das Benennen der Gründe ist umso wichtiger, je unbekannter der Neue und je überraschender die getroffene Entscheidung ist. Das Gelingen dieser Erstinformation ist von größter Bedeutung, wenn die Wahl auf jemanden gefallen ist, von dem die Mitarbeiter bereits „befürchtet" haben, dass er der Nachfolger werden würde. Wenn *Furcht* im Spiel ist, wird Ihre Glaubwürdigkeit im Auftritt darüber entscheiden, ob die designierte Person bei den Mitarbeitern eine Chance auf Bewährung erhält.

- Wenn es unter der Belegschaft Mitbewerber gegeben hat, die abgelehnt worden sind, müssen Sie die Begründungen so formulieren, dass die Abgelehnten die Entscheidung für den anderen persönlich nachvollziehen können. Sie müssen mit Ihrer Wortwahl einen Gesichtsverlust der Abgelehnten vermeiden, damit diese in die Kollegenschaft zurückkehren können.

- Das Informieren von Abgelehnten nach der getroffenen Personalentscheidung ist in vielen Entscheidungsverfahren so geregelt, dass in der Vorauswahl abgewiesene Bewerber schriftlich informiert werden. Abgelehnte Mitbewerber aus der Entscheidungsrunde erfahren umgehend in einem persönlichen Gespräch die Gründe für ihr Ausscheiden. Zeitlich erfahren sie es noch vor der Belegschaft.

Der neue Chef kommt aus den eigenen Reihen

Wenn Sie zum Beispiel als bisheriger Kollege in der Belegschaft in die Rolle des zukünftig Vorgesetzten dieser Gruppe wechseln, ist es wichtig, dass Sie diese Rollenveränderung für sich und Ihre Kollegen spürbar machen:

- Laden Sie Ihre Mitarbeiter zu einer (kleinen) Feier ein, bei der Sie sich für die bisherige gute Zusammenarbeit bedanken und um ein gutes Miteinander in Ihrer neuen Position bitten.

- Falls Sie mit jemandem aus der Kollegenschaft eine *tiefe persönliche Freundschaft* verbindet, müssen Sie diese *kündigen*: „Lieber Freund, aufgrund meiner beruflichen Veränderung wird es uns beiden nicht mehr möglich sein, unsere Freundschaft wie bisher zu leben." Das klingt hart, ist aber aus der Erfahrung heraus unumgänglich. Freundschaften brauchen ein gewisses Maß an Ebenbürtigkeit, wenn die berufliche Verbindung zueinander nahe ist. Wenn nun einer von beiden der Vorgesetzte des anderen wird, ist die Freundschaft in der bisherigen Form nicht mehr lebbar. Aufgrund der veränderten Rollen können sie nicht mehr wie früher über wesentliche Themen offen sprechen. Tun sie es dennoch, begeben sie sich beide in Teufels Küche. Wenn Sie als neue Führungskraft die Freundschaft nicht kündigen, besteht zum Beispiel die Gefahr des Fraternisierens (Verbrüderns). Damit können Sie in schwierigen Entscheidungen in ein emotionales Dilemma geraten, wie Sie dabei mit Ihrem Freund umgehen sollen. Sie schaffen sich zudem eine Angriffsfläche für Verdächtigungen in der Belegschaft, zum Beispiel Ihren Freund besser zu behandeln.

Ist der Rollenwechsel nun das endgültige Ende dieser Freundschaft? Was ist dann noch möglich? Manche versuchen eine Freundschaft auf der Basis von mehr Distanz zu entwickeln. Auf Dauer klappt das eher selten, da sich meist beide die Qualität der alten Freundschaftsbeziehung wünschen.

Der neue Chef kommt von außen

Steigen Sie zum Beispiel als Externer in eine Führungsposition eines anderen Betriebes ein, ist für Sie das gute Abschiednehmen von Ihrem bisherigen Betrieb und den Kollegen das Entscheidende. Es geht um das Loslassen: Das Gute gilt es zu würdigen. Das, was nicht okay war, muss angesprochen werden, sofern es für Sie noch Bedeutung hat. Sprechen Sie mit jenen persönlich, bei denen Ihnen das noch wichtig ist. Von Ihrem beruflichen Wechsel können auch Freundschaften betroffen sein. Die Rahmenbedingungen im anderen Unternehmen und die örtliche Veränderung erschweren und reduzieren bisherige gemeinsame Aktivitäten. Eine Kündigung der Freundschaft ist dann zu überlegen, wenn die neue Situation die Freundschaft dermaßen ausdünnt, dass ein offenes Gespräch darüber notwendig ist. Ein neuer Freundschaftsvertrag kann überlegt werden.

Wie setzen Sie eine neue Führungskraft ein?

Als nächste übergeordnete Führungskraft rufen Sie alle Mitarbeiter zusammen, die von dieser Personalentscheidung betroffen sind. Dies sollte spätestens am Beginn des ersten offiziellen Arbeitstages des neuen Leiters erfolgen. Was Sie dabei beachten sollten:

Sie selbst stellen den neuen Leiter vor, wenn Sie der zuständige Vorgesetzte sind. Oft genug kommt es auch vor, dass der Neue mit jemand anderem auf eine Kennenlernrunde durch den Betrieb geschickt wird. Sie als Chef müssen die neue Führungskraft im Unternehmen bei der Kennenlernrunde begleiten! Das Vorstellen sollte auch nicht jemand Höherer als Sie vornehmen. Bei heiklen Besetzungen kann das bei Mitarbeitern ungewollte Vermutungen auslösen, zum Beispiel: „Aha, hier muss der oberste Chef die schützende Hand über den Neuen halten." Eine derartige Aktion kann Sie als zuständigen Leiter schwächen.

Die Einführung sollte folgende Kernbotschaften beinhalten: „Liebe Mitarbeiter, ich darf Ihnen Herrn ... vorstellen. Er ist ab ... Ihr neuer Leiter. Er hat mein volles Vertrauen. Ich bitte Sie, liebe Mitarbeiter, ihn wohlwollend aufzunehmen." Ihre Ausführungen und Gesten dürfen keinen Zweifel daran erkennen lassen, dass Sie und die Chefetage zum neuen Leiter hundertprozentig stehen.

Falls es notwendig ist, können Sie in einem gemeinsamen Gespräch jene Aufgabenbereiche und Vereinbarungen durchgehen, die für die Mitarbeiter relevant sind. Mit einer Neubesetzung verändern sich meist auch die Akzente in den

Aufgaben und Kompetenzen im Vergleich zum Vorgänger. Der erste Punkt, den Sie ansprechen sollten, ist: Was *bleibt* wie bisher? Oft wird zuerst von dem gesprochen, was *neu* ist und sich *ändern* wird. Wenn Sie zuerst von dem reden, was bleibt, bieten Sie den Mitarbeitern eine vertraute Basis an, auf die das Neue gestellt werden kann. Solche Themen könnten sein: Was übernimmt der neue Chef im Vergleich zum Vorgänger nicht mehr? Was wird neu und ab wann? Welche Themen sind noch offen und mit den Mitarbeitern erst abzusprechen?

Sollen Sie als neue Führungskraft ein Einstandsfest organisieren?

Jeder überzogene Einstieg durch ein besonderes Einstandsfest wird von der Belegschaft vermutlich als irritierend erlebt oder als anbiedernd wahrgenommen werden: Was will er damit? Gegenüber den Führungskollegen würde ich Ihnen eine *Einstandsgeste* empfehlen. Das muss jedoch keine eigene Feier sein. Gegenüber den Mitarbeitern sollten Sie sich einen Einstieg überlegen, der zu dieser Gruppe passt. Oft bieten interne Anlässe der Gruppe eine gute Gelegenheit. Es geht darum, dass Sie *ein einfaches Signal Ihrer Verbindung zur Gruppe setzen.* Dieses sollte nicht kleinlich ausfallen, aber auch nicht kostspielig. Je nach Branche und Arbeitsfeld kann zum Beispiel für eine Bürobelegschaft ein Glas Sekt für jeden Mitarbeiter das Richtige sein. Für die Leute am Bau hingegen empfiehlt sich wohl eher die Kiste Bier (oder zwei davon). Der kleine Imbiss zum Sekt oder der Renken Speck zum Bier kann schon jener Tick zu viel sein, der Ihnen als billiger Versuch ausgelegt wird, sich die Zusammenarbeit erkaufen zu wollen. Daher würde ich hier vor übertriebener, gut gemeinter Großzügigkeit warnen. Sicherheitshalber überlegen Sie gemeinsam mit einer Person Ihres Vertrauens im neuen Arbeitsbereich, was für diesen Anlass passend erscheint. Hier jemand um Rat zu fragen ist keine Schande. Im Gegenteil: Sie zeigen damit Respekt gegenüber der angestammten Belegschaft.

Was sind die Grundelemente einer feierlichen Amtseinführung?

Hin und wieder erscheint es passend, das öffentliche Einsetzen eines Leitenden in einem feierlichen Rahmen vorzunehmen. Dies wird in einfachen Symbolen, Sätzen und Ritualen dargestellt und vollzogen. Je nach Firmen- und Organisationskultur fällt diese feierliche Einsetzung sehr unterschiedlich aus. Dennoch sind die Kernelemente und Botschaften, die in einer solchen Amtseinführung vorkommen *müssen*, für alle gleich, egal wie sie gestaltet wird:

- Der zuständige Chef – oder eine für die Gruppe dazu ermächtigte Person – sagt zum neuen Chef: „Du bist der neue Leiter. Ich traue dir diese Aufgabe zu. Du erhältst dafür die Macht. Ich stehe zu dir. Du stehst hiermit auf der Seite der Leitenden. Ich erwarte mir deine Loyalität." Rituell wird dafür zum Beispiel eine Kette, ein Schlüssel, ein wertvolles Dokument oder ein anderer symbolischer Gegenstand überreicht. Dieser steht für die Machtübertragung, die Vertrauenszusage und die damit verbundenen Erwartungen.

- Der designierte Leiter tritt vor und nimmt diese Aufgabe symbolisch an. Indem er das tut, drückt er damit aus: „Ich danke für das Vertrauen und weiß um die Erwartungen, die mit dieser mir übertragenen Aufgabe verbunden sind. Ich verspreche meine Loyalität." Mit einem Handschlag wird dieser Vertrag zum Beispiel zwischen dem Chef und dem neuen Leiter besiegelt.

- Manchmal kann es wichtig sein, dass der neue Leiter und die Mitarbeiter einander in geeigneter Form signalisieren, dass sie sich gegenseitig anerkennen und zur Zusammenarbeit bereit sind. Auch dieser emotionale Vertrag kann zum Beispiel per Handschlag gegenüber jedem einzelnen Mitarbeiter besiegelt werden. In größeren Betrieben geschieht das durch die Personalvertreter.

V. DEN THRON ÜBERNEHMEN

Wer Regent sein will, braucht (s)ein Gefolge.

Bestehende Mitarbeiter „adoptieren"

Was müssen Sie als neue Führungskraft mit den bereits existierenden Mitarbeitern tun?

Angestammte Mitarbeiter, die Sie übernehmen, sind keineswegs schon *Ihre* Mitarbeiter. Diese fühlen sich im Normalfall innerlich noch mit dem bisherigen Leiter verbunden. Damit sie zu *Ihren* Mitarbeitern werden, muss ein Prozess der „Adoption" durchlaufen werden. Dieser Prozess beinhaltet vor allem zwei Ebenen der Veränderung: Die eine Ebene betrifft die Übergabe der Mitarbeiter vom bisherigen Leiter zum neuen Leiter. Die andere Ebene betrifft die Mitarbeiter, die sich von der Verbindung mit dem alten Chef trennen müssen und zum neuen Chef wechseln sollen. Im positiven Fall gibt auf der einen Ebene der bisherige Leiter seine Mitarbeiter frei und der neue Leiter kann sie übernehmen. Auf der anderen Ebene vereinbaren die angestammten Mitarbeiter einen neuen Arbeitsvertrag mit dem neuen Leiter, den sie als ihren neuen Chef akzeptieren. Hier ist das *Grundprinzip* der Adoption grafisch dargestellt:

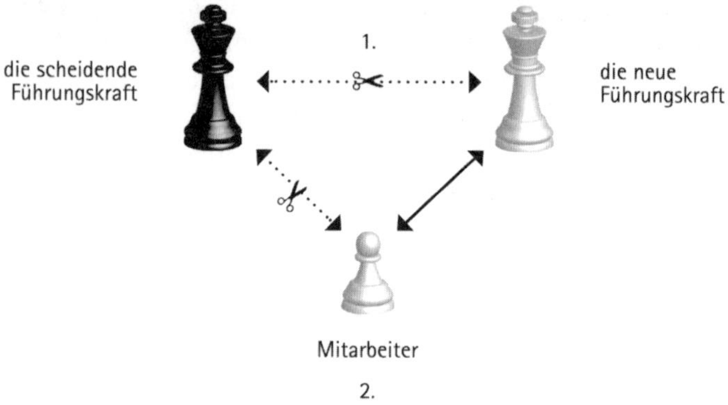

Ich möchte den Entwicklungsprozess auf der Chefebene quasi in „Slowmotion" aufzeigen. Es ist wichtig, dass Sie die einzelnen Schritte kennen, die für das Gelingen der Adoption wesentlich sind. Denn bei misslungenen Übergaben haben zumeist einer oder mehrere dieser Schritte gefehlt:

- Der scheidende Chef ist emotional bereit, seine Mitarbeiter loszulassen. Sie sind nun nicht mehr *seine* Mitarbeiter.

- Der scheidende Chef übergibt sie in die Hände seines Nachfolgers und bittet ihn: „Kümmere dich um meine Leute!"

- Der Nachfolger übernimmt die Mitarbeiter und sagt zum alten Chef: „Ich werde mich um sie sorgen, so wie du es getan hast. Ich verspreche es."

- Wenn der scheidende Chef das Gefühl hat, dass dem so ist, wird er loslassen. Er wird sich verabschieden und kann (beruhigt) gehen.

Der hier dargestellte Prozess kann in kurzen, intensiven Momenten erfolgen oder längere Zeit in Anspruch nehmen, bis er tatsächlich auf beiden Ebenen gänzlich abgeschlossen ist. Im Normalfall fühlen sich der scheidende Chef und seine Mitarbeiter emotional stark verbunden. Die Beziehung ist oft über Jahre gewachsen. Die Herausforderungen haben sie zusammengeschweißt. Sie haben einander kennen und schätzen gelernt und sich zusammengerauft. Wenn man die Chefseite betrachtet: Viele dieser angestammten Mitarbeiter hat er vielleicht selbst eingestellt und in deren Entwicklung begleitet. Es sind *seine* Leute und manche sind auch *seine* „Kinder", die er zurücklassen muss. Vertraute und Vertrautes gibt keiner gerne auf.

Sich verabschieden bedeutet, sich von seinem Job *und* seinen Mitarbeitern zu trennen.

Varianten der Adoption

Die weiche Adoption

Auch für die Übernahme der Mitarbeiter ist es von Vorteil, wenn die neue Führungskraft noch *während* der „Regentschaft" des scheidenden Leiters eine Verbindung zu ihren zukünftigen Mitarbeitern aufbauen kann. Der zukünftige Chef übernimmt stufenweise die Leitung. Damit hängen die Mitarbeiter nie in der Luft. Diese Überlappung in der Übernahme nenne ich die *weiche Adoption*:

1. Die bisherige Führungskraft ist mit den Mitarbeitern verbunden.
2.–4. Der Übergang zwischen altem und neuem Chef vollzieht sich stufenweise.
5. Der Übergang ist abgeschlossen. Es leitet der neue Chef.

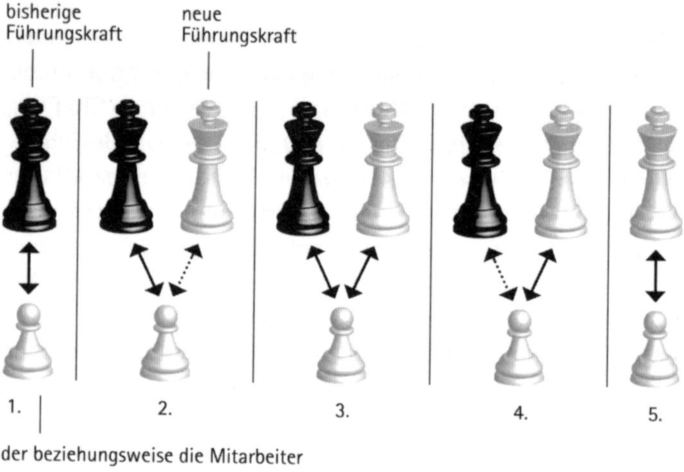

In Familienunternehmen ist im Idealfall die weiche Variante möglich: Der Nachfolger wächst im elterlichen Betrieb auf, steigt und arbeitet sich die Karriereleiter hinauf. Dabei wird er von den Mitarbeitern zuerst als Kollege ernst genommen. Später wird er als Juniorchef anerkannt, dann als dem Seniorchef ebenbürtig gesehen. Mit der Betriebsübergabe vertraut der Seniorchef seinen Betrieb und seine Mitarbeiter seinem Sohn und nunmehrigen neuen Chef an. Er zieht sich aus dieser Rolle zurück. Der Nachfolger hat das Ruder zur Gänze übernommen.

In Organisationen ist ein ähnlich weicher Übergang möglich, wenn der Stellvertreter immer stärker in die Agenden des Chefs eingebunden wird und die Gelegenheit bekommt, in die spätere Nachfolge hineinzuwachsen. Wenn andere interne Mitarbeiter nachfolgen, können diese je nach Möglichkeit stufenweise in Aufgaben eingebunden werden, bevor der bisherige Leiter geht.

Die Schattenseite dieser Variante tut sich auf, wenn die zwei Leitenden in der Art und im Führungsverständnis sehr unterschiedlich sind. In diesem Fall kann eine solche Übergangsform zur Belastungsprobe werden. Es besteht die Gefahr, dass mit der Zeit Unklarheit darin besteht, wer das Sagen hat und was gilt. Die Mitarbeiter können diese Situation ausnutzen und zu ihrem Vorteil die jeweils für sie richtige Person konsultieren. Dies kann zum Ausspielen der beiden Verantwortlichen führen und zu Spaltungstendenzen in der Leitung und innerhalb der Belegschaft. Um dies zu vermeiden, empfiehlt es sich, für die Übergangsphase die Reviere und Zuständigkeiten der beiden Leiter klar festzulegen und diese den Mitarbeitern mitzuteilen. Wenn Sie als zuständiger Chef dieser beiden Leiter eine schwierige Übergangsphase vermuten, sollten Sie die stufenweise Übergabe mit ihnen gemeinsam besprechen. Oder Sie lassen sich einen Vorschlag der beiden vorlegen.

Wenn Sie Eigentümer sind und Ihnen die weiche Übergabe bevorsteht, können Sie es zum Beispiel halten wie ein mir bekannter Firmenchef: Er schrieb sämtliche seiner Aufgaben in zwei Tabellen mit einem Monatsraster für die kommenden zwei Jahre. Als er diese Tabelle fertig gestellt hatte, holte er seinen Sohn zu sich ins Büro und sagte zu ihm: „Sohn, für mich ist es nun Zeit, dir meinen Betrieb zu übergeben. Ich weiß, dass er bei dir in guten Händen sein wird. Hier habe ich in einer Tabelle alle meine Aufgaben notiert, die du spätestens in zwei Jahren übernommen haben sollst. Dann gehe ich in Pension." Mit diesem Einstieg des Vaters begannen die entscheidenden Schritte der Hofübergabe. Die weiche Adoption gibt es in vielfältigen Varianten. Allein zeitlich kann sich dieser Übergang zwischen wenigen Monaten und Jahrzehnten bewegen.

Die harte Adoption

Eine andere Variante ist die so genannte *harte Adoption.* Sie besteht aus drei Schritten:

1. Der bisherige Chef leitet die Mitarbeiter (und geht).
2. Die Nachfolge ist unklar.
3. Die neue Führungskraft übernimmt die Leitung und Führung der Mitarbeiter.

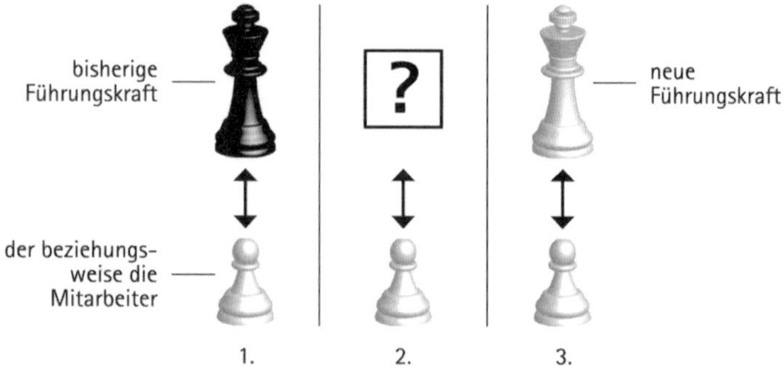

Die harte Adoption ergibt sich zumeist aus dem Umstand, dass eine Führungsposition akut vakant geworden ist. War die Zusammenarbeit oder das Ende mit dem bisherigen Leiter für die Belegschaft belastend, ist eine klare Zäsur im Führungswechsel hilfreich. Ein Neuanfang wird möglich. Damit die Mitarbeiter bis dahin nicht ohne Führung sind, sollten Sie bis zur Übernahme durch die neue Führungskraft eine Übergangsregelung und interimistische Leitung einsetzen (siehe dazu Kapitel II). Ein Vorteil dieser Übergangsvariante besteht auch darin, dass es selten eine lange Übergangsphase gibt; schon gar keine, die Jahre andauert. Wenn es bei dieser Variante eine zu lange Übergangszeit gibt und sich hinsichtlich der nächsten Führungskraft keine Entscheidung abzeichnet, kann es unter den Mitarbeitern zu Verselbstständigungs- und Abwanderungstendenzen kommen. Im Regelfall sinkt auch das Leistungsniveau der betroffenen Abteilung, je länger die führungslose Zeit andauert.

> Ist die Zusammenarbeit oder das Ende mit
> dem bisherigen Leiter
> für die Belegschaft belastend gewesen,
> ist eine klare Zäsur im Führungswechsel
> hilfreich.

Wie führen Sie ein Adoptionsgespräch?

Nun kommen wir zur zweiten wichtigen Ebene in der Adoption, dem Gewinnen der angestammten Mitarbeiter für *Ihre* Führung und für die Bereitschaft zur Zusammenarbeit mit Ihnen als neuen Chef. Meine Empfehlung ist: Führen Sie nach der allgemeinen Einstiegsphase mit jedem Ihrer Mitarbeiter ein Einzelgespräch. Sollten Sie einen größeren Bereich übernehmen, sind diese Gespräche mit jenen Mitarbeitern und Leitern zu führen, denen Sie unmittelbar vorstehen. Bitten Sie den Mitarbeiter zu sich ins Büro. Neben dem näheren Kennenlernen geht es darum, ein Verhandlungsgespräch zu führen. Es läuft darauf hinaus, ob Sie den jeweiligen Mitarbeiter für Ihre Gefolgschaft gewinnen können. Will man diese Verhandlungen in den wichtigsten Worten wiedergeben, sieht der Dialog – unabhängig von der tatsächlichen Wortwahl – folgendermaßen aus: Chef: „Sie haben bisher für meinen Vorgänger gearbeitet. Ich möchte, dass Sie ab nun für mich und mit mir arbeiten. Kann ich mit Ihnen rechnen?" Manche Mitarbeiter werden sofort zustimmen. Andere werden durchklingen lassen: „Was der alte Chef von mir wollte, war für mich okay. Wenn Sie nun der neue Chef sind: Was ändert sich dann für mich? Was erwarten Sie von mir? Nur wenn ich Ihre Erwartungen erfüllen kann, ist für mich eine gute Zusammenarbeit vorstellbar." Das Verhandlungsgespräch wird zeigen, ob Sie eine Einigung und Gefolgschaft erreichen.

Können beide das erreichte Gesprächsergebnis innerlich unterschreiben, ist der Adoptionsvertrag abgeschlossen. Ein Handschlag zum Schluss dieses Gesprächs besiegelt das Vereinbarte. Mit ihm sagt der Vorgesetzte zum Mitarbeiter: „Ich nehme dich an als meinen Mitarbeiter. Ich vertraue dir die besprochenen Aufgaben an." Der Mitarbeiter sagt mit dem Handschlag: „Du bist ab nun mein neuer Chef. Du kannst mit mir rechnen. Ich weiß, was mein Job ist. Ich werde meine Aufgabe bestmöglich erfüllen."

Achten Sie auf Signale: Wenn ein Mitarbeiter immer wieder die vorherige Führungskraft oder die jetzige Situation mit der früheren vergleicht (und dabei alles viel besser war), kann dies ein Hinweis darauf sein, dass der Übergang zu Ihnen als neuen Leiter noch nicht vollzogen ist. Das kann unterschiedliche inhaltliche Ursachen haben. Es kann jedoch auch sein, dass Ihnen der Mitarbeiter noch nicht genug vertraut. Dann ist es wichtig, dass der Mitarbeiter immer wieder Möglichkeiten vorfindet, die ihm zeigen, dass Sie zu ihm stehen und ein Misstrauen unbegründet ist. Sollten Sie auch nach längerer Zeit den Eindruck haben, dass der Mitarbeiter nicht in Ihrem Boot sitzt, müssen Sie das Thema offen ansprechen.

Adoptionsgespräche müssen Sie nur mit jenen Mitarbeitern abschließen, die Sie übernehmen. Bei neuen Mitarbeitern, die in Ihre Abteilung kommen, übernimmt das Einstellungsgespräch diese Funktion.

Wie ist *Ihre* Kursrichtung?

Als neue Führungskraft müssen Sie den Mitarbeitern ein klares *inhaltliches* Signal geben, in welche Richtung Sie gehen werden. Die Minimalversion würde lauten: „Liebe Mitarbeiter, ich möchte im Sinne meines Vorgängers die bisherige Linie bis auf weiteres fortführen. Ich muss mir zuerst einen Überblick verschaffen. Dafür werden die Gespräche mit euch wichtig sein. So möchte ich beginnen." Eine derartige Aussage knüpft an Vertragsbedingungen der Mitarbeiter an, zu denen diese in den Zeiten des Vorgängers bereit waren mitzugehen. Wenn Sie zu Beginn keine Aussage über Ihre Zielrichtung abgeben, nehmen die Mitarbeiter an, dass in jedem Fall alles beim Alten bleibt.

Im Normalfall erwarten oder erhoffen Mitarbeiter auch, dass mit einem Führungswechsel nicht *nur* alles beim Alten bleibt. Oft gibt es aus Sicht der Mitarbeiter auch einen Veränderungsstau. Es gibt immer wieder bestehende Defizite oder eingeschlafene Vorhaben, die nun mit dem Führungswechsel in Angriff genommen werden könnten. Diese Gedanken und Hoffnungen der Mitarbeiter abzuholen, schafft bei ihnen Zuversicht auf Verbesserung und fördert ihr Interesse, Ihnen nachzufolgen.

Wenn Sie als neue Führungskraft eine größere Richtungsänderung wollen, müssen Sie erneut ein Adoptionsverfahren durchführen. Dass dieser Zeitpunkt kommen wird, ist klar: Sie können die Arbeit nicht so machen wie Ihr Vorgänger. Sie sind eine andere Person mit *anderen* Stärken. Nach einer gewissen Zeit der Umsicht und des Überblicks ist es daher wichtig, sich über Ihren inhaltlichen Weg und Ihre Art zu führen Gedanken zu machen. Diesen Weg müssen Sie mit jedem Ihrer Mitarbeiter abstimmen, mit den Schlüsselpersonen Ihres Bereichs am besten in Einzelgesprächen. Es geht wiederum um den *Handschlag* zwischen Ihnen und dem jeweiligen Mitarbeiter, *ob Sie auch zukünftig mit ihm rechnen können, wenn Sie den Kurs in diese oder jene Richtung ändern.* Sie brauchen seine Zustimmung. Dazu müssen Sie ihm möglichst konkrete Vorstellungen davon präsentieren, was Sie vorhaben und was diese Veränderungen für ihn bedeuten würden. Wenn Sie nur den Bedarf nach notwendigen Veränderungen wie eine Rute ins Fenster stellen, ohne jedoch selbst ein klares Bild Ihres Reisezieles vor Augen zu haben, setzen Sie beim Mitarbeiter nur unnötig Fantasien und Ängste in Gang.

Eine beabsichtigte Kursänderung müssen Sie vorher mit Ihrem übergeordneten Vorgesetzten akkordieren. Das ist nicht nur eine Frage der abgestimmten Zielausrichtung innerhalb Ihrer Organisation, sondern auch der Rückendeckung für Sie selbst, wenn es im Gespräch mit dem Mitarbeiter zu keiner zufrieden stellenden Einigung kommt. Dann muss eine andere Lösung überlegt werden. Eine Möglichkeit besteht darin, dass der Mitarbeiter in einem anderen Bereich eingesetzt wird. Eventuell ist eine zeitlich befristete Übergangsvariante einzuplanen. Die Kündigung ist die allerletzte Möglichkeit. Es macht keinen Sinn, dass Sie diesen Mitarbeiter in Ihrem Umfeld belassen.

Sie beginnen als neuer Leiter und kommen von extern

Wenn Sie als Externer in eine Führungsposition einsteigen, sollten Sie im Sinne der systemisch bestehenden Grundregeln Folgendes bedenken: Sie sind erstens der „Neue" und zweitens nicht von hier! Vorerst sind Sie auf dem Papier der neue Chef, aber es ist noch nicht Ihr Revier. Zuallererst sind Sie hier der Benjamin und das Greenhorn! Außerdem müssen Sie es sich erst verdienen, von der angestammten Belegschaft – von den „Einheimischen" – respektiert zu werden. Wenn Sie diese beiden emotionalen Gegebenheiten nicht angemessen akzeptieren, würde ich mich an Ihrer Stelle auf schwere Zeiten einstellen. Wollen Sie Ihren Job rein „sachlich und emotionsfrei" als neuer Chef angehen, ziehen Sie mit Sicherheit einen großen emotionalen Graben zwischen Ihnen und der Belegschaft. Viele Neue machen zudem den Fehler – und das bezieht sich nicht nur auf Externe –, dass sie die Arbeit des Vorgängers abwerten, entweder direkt durch Bemerkungen oder indirekt durch vorschnelle Veränderungsaktionen nach nur wenigen Tagen und Wochen ihres Amtsantritts. Wenn Sie die Arbeit des Vorgängers abwerten, werten Sie damit auch die angestammte Belegschaft ab! Dann haben Sie „einen Bock geschossen", denn diese Mitarbeiter werden Sie aus dem Bedürfnis ihrer Selbstachtung heraus vieles mühsam erarbeiten lassen und Ihnen viele Informationen nicht von sich aus zur Verfügung stellen: „Soll er doch rudern und sehen, wie weit er ohne uns kommt! Wir sind schließlich auch keine Dummen! Der Neue tut, als hätten wir bisher auf den Bäumen gelebt!" Kurzum: Sie brauchen mit dem Entgegenkommen dieser Mitarbeiter nicht mehr zu rechnen. Das Schlimmste, das Sie zum Beispiel älteren Mitarbeitern antun können, ist der Satz: „Ab jetzt wird alles anders!" Damit werfen Sie auch über Bord, was ihnen wertvoll und wichtig ist.

Neue Chefs machen den Fehler,
dass sie die Arbeit des Vorgängers direkt
oder indirekt abwerten.
Wenn sie das tun,
werten sie auch die angestammte
Belegschaft ab.

Achten Sie daher zu Beginn Ihres Amtsantritts darauf, dass Sie die bisherige Geschichte, die Rangordnungen und die Würde der angestammten Mitarbeiter respektieren. Achten Sie beim Umstellen, Neuorganisieren und bei anderen Veränderungen auf den Zeitpunkt und die angemessene Geschwindigkeit. Sprechen Sie gerade in den ersten Wochen und Monaten vor allem mit den Schlüsselpersonen aus der Belegschaft. Bitten Sie sie um ihre Erfahrungen und um ihre Sicht der Dinge: „Wie habt ihr das bisher gemacht?" Keiner kennt das neue Revier so schlecht wie Sie und keiner so gut wie Ihre Mitarbeiter, die bereits viele Jahre hier arbeiten. Erfahrene Mitarbeiter wollen gefragt und gehört werden. Viele Probleme, die Sie vorfinden werden, sind ja nicht neu. Manche Ideen schlummern in den Gedanken der Mitarbeiter, die nur bisher keiner abgerufen hat. Nützen Sie ihre Lösungskompetenz! Wenn Sie ihre Sichtweisen und Ideen ernsthaft durchdacht haben und danach dennoch zu einem anderen Entschluss kommen, ist das weniger problematisch. Sie müssen jedoch Ihre Mitarbeiter über das Warum Ihres Entschlusses informieren. Die Mitarbeiter wollen Ihnen nicht vorschreiben, wie Sie Ihren Leitungsjob zu machen haben. Sie als Chef müssen auch die Entscheidung letztlich verantworten. Das ist auch den angestammten Mitarbeitern klar.

Wenn Sie es schaffen, das Potenzial Ihrer Mitarbeiter und deren Verbesserungsideen zu wecken, dann lassen Sie diese Ideen nicht im Sand verlaufen. Wenn Ihnen ein bisher frustrierter, demotivierter Mitarbeiter eine „Chance" gibt, dann gibt es nichts Schlimmeres für ihn als wieder eine Enttäuschung!

Liebe Mitarbeiter,
ich werde euren Teig übernehmen.
Das ist mir wichtig.
Nachdem ich ein anderer Mensch als der Vorgänger bin,
werde ich die Knödel wohl anders machen.

Ein Leiter anlässlich seiner Leitungsübernahme im Rahmen der ersten Mitarbeiterbesprechung

VI. DAS ENDE EINER ÄRA

Erst der Abschied schafft ein Ende.

Das Abschiedsfest

> Ein Abschied schmerzt fast immer,
> auch wenn man sich auf ihn vorbereitet hat.

Wer lädt zum Abschiedsfest ein?

Meistens tut dies der scheidende Leiter. Es tut ihm gut, wenn er in seinem Abschiednehmen eine aktive Rolle übernimmt. Andere Varianten sind ebenfalls denkbar: So kann zum Beispiel auch der nächsthöhere Vorgesetzte zu dieser Feier einladen – auch gemeinsam mit dem scheidenden Leiter. Manchmal werden auch einige seiner Mitarbeiter in das Organisieren des Festes eingebunden. Es tut den Mitarbeitern gut, wenn auch sie Gestaltungsmöglichkeiten haben, um sich von ihrem Chef zu verabschieden. Manchmal sind es der scheidende und der nachfolgende Leiter gemeinsam, die zu einer *Abschiedsfeier mit Hofübergabe* einladen. Wichtig ist, dass es einen solchen Abschied gibt, damit das Ausscheiden des Leitenden und das Ende seiner Ära für alle Beteiligten erfassbar werden.

In vielen Fällen wird kein eigenes Abschiedsfest abgehalten, sondern es wird im Rahmen von letzten Zusammenkünften in den jeweiligen Gruppen dafür ein Feierteil eingeplant.

Wer spricht?

Mindestens zwei Gruppen oder deren Vertreter, jene der Führungsebene und jene der Mitarbeiter, müssen den scheidenden Leiter verabschieden. Sollte es strukturell eine Kollegenschaft auf seiner Ebene geben, kann auch zusätzlich noch jemand aus dieser Gruppe sprechen. Ob sich dieser Rednerliste weitere Personen anschließen sollten, wird individuell unterschiedlich sein. Am Ende der Rednerliste spricht der scheidende Chef selbst. Bei offiziellen betrieblichen Abschiedsfeiern sollten im Normalfall jene für die anderen sprechen, denen es strukturell oder in Entsprechung der zeitlichen Rangordnung zukommt.

Die Reihenfolge der Reden kann auch anders ausfallen: So kann zum Beispiel zuerst der scheidende Leiter sprechen. Er ist es ja, der geht. Aus dieser Rolle heraus kann er den Abschied einleiten. (Im Alltag ist es meist genau so, dass derjenige den Abschied einleitet, der weggeht.) Die anderen „antworten" nun auf sein Weggehen. So könnte dann der nächsthöhere Vorgesetzte sprechen. Dann folgen die Reden und (kabarettistischen) Beiträge der Kollegen und Mitarbeiter. Sollte der neue Leiter bereits anwesend sein, könnte dieser den Schlusspunkt setzen, der gleichermaßen der Anfang des Neuen ist. Damit wäre auch der Übergang zum Nächsten für die Mitarbeiter spürbar.

Welche Themen sollen angesprochen werden?

Generell: Danken Sie nur für das, wofür Sie persönlich und stellvertretend für Ihre Gruppe tatsächlich danken möchten. Vermeiden Sie allgemeine Dankesworte! Bitten Sie um weitere wohlwollende Unterstützung, falls dies angebracht ist. Bringen Sie die Wertschätzung für geleistete Arbeit und übernommene Funktionen zum Ausdruck. Dies muss in einer kurzen chronologischen Auflistung geschehen. Man kann auch nur wenige charakteristische Punkte herausgreifen. Nicht alles muss ausschließlich in sprachlicher Form gewürdigt werden, so können zum Beispiel Bilder und Videoaufnahmen szenenhaft an gemeinsame Zeiten und Firmenereignisse erinnern und das Anliegen der Wertschätzung vertiefen.

„Sie werden uns fehlen!" Sagen Sie es, wenn es stimmt. Unterlassen Sie es, wenn es überzogen oder gelogen wäre. Falls es offene Projekte gibt, an denen die Führungskraft maßgeblich mitgearbeitet hat, sollten Sie diese ansprechen. Es wirkt positiv, wenn Sie dem Scheidenden signalisieren, dass das Begonnene gut weitergeht. Manchmal wird eine ausscheidende Person darum gebeten, ein Projekt noch selbst zu Ende zu führen. Dann ist es gut, dass die Belegschaft weiß, warum jemand nach seinem Abschied noch im Betrieb „herumgeistert".

Sprechen Sie auch an, was Sie der scheidenden Person übel genommen haben oder dass die Zusammenarbeit mit ihr schwierig war. Negatives braucht nicht drastisch angesprochen zu werden, sodass alte Fronten wieder aufbrechen. Es sollte jedoch nicht unter den Teppich gekehrt werden, wenn es für diese Person markant gewesen ist. Entscheidend ist, *wie* Sie diese Themen im Rahmen des öffentlichen Abschieds ansprechen: Sie brauchen zum Beispiel nicht zu verhehlen, dass es auch große Differenzen und Meinungsunterschiede gab. Sie können darüber sprechen, was für Zündstoff und Spannungen sorgte. Es kann sein, dass Sie es persönlich bedauern, dass manches so gelaufen ist. Vielleicht hätten Sie es sich selbst anders gewünscht. Manchen Rednern gelingt es, auf humorvolle Weise das eine oder andere in der Rede zu erwähnen, ohne dem angesprochenen Problem die Spitze zu nehmen. Die Mitfeiernden – oder besser die Mithörenden – haben ein gutes Gespür dafür, was von Ihrem Gesagten „gestimmt" hat. Schwindeln Sie sich als Redner besser nicht über solche Themen hinweg, denn diese fallen danach umso mehr auf: „Davon hat er nichts gesagt!"

Bei sensiblen Themen muss letztlich bedacht werden, an *wen* diese gerichtet werden. So kann es einer scheidenden markanten Persönlichkeit sogar wichtig sein, sich grundsätzlich genau so verhalten und zur eigenen Art gestanden zu haben. Wenn Sie dann die schwierigen oder kantigen Themen in der Abschiedsrede weglassen, würde dies für eine solche Person als letzte Entwürdigung aufgefasst werden.

Ein Abschiedsgeschenk?

Ein Abschiedsgeschenk ist eine sichtbare Form der Wertschätzung.

Erfahrungsgemäß vergessen männliche Führungskräfte öfter darauf. Eine andere wenig lobenswerte Praxis sind klischeehafte Geschenke wie das Buch für den Mann und die Blumen für die Frau. Das Geschenk ist der handfeste Teil Ihres Dankes aus dem Herzen. Es ist auch ein Stück symbolische Erinnerung an die Zeit in der Firma. Die Art des Geschenks sowie dessen symbolischer und finanzieller Wert sollten daher gut überlegt sein. Nicht selten erhält dieses Stück Erinnerung an die Firma einen Ehrenplatz in der Wohnung der ausgeschiedenen Person.

In manchen Betrieben bestehen Abschiedsgeschenke der Firmenleitung quasi aus *zwei* Teilen: Einerseits gibt es ein offizielles Abschiedsgeschenk, das für alle (einer Ebene) gleich ist. Das kann dann zum Beispiel auch ein Buch in Verbindung mit einem Wertgutschein sein. Das zweite Geschenk wird individuell für die jeweilige Person überlegt und hat symbolischen Charakter.

Den Ehe- oder Lebenspartner zur Feier einladen?

Noch eine Empfehlung: Ein mittlerweile ausgeschiedener Leiter hat mir erzählt, dass es für ihn wichtig war, dass zu seiner Abschiedsfeier auch seine Frau eingeladen wurde.

Nicht jede Firmenkultur wird das vertragen. Wenn das jedoch möglich ist, sollten Sie diesen wertvollen Vorschlag aufgreifen. Er selbst, sagte er mir, habe es als wohltuend empfunden, vor seiner Frau vom Chef und den Mitarbeitern öffentlich gelobt worden zu sein. Außerdem kann durch ihre Anwesenheit auch ein Wort des Dankes ihr gegenüber ausgesprochen werden – mit einem Strauß Blumen dazu. Vieles wäre Leitenden und Mitarbeitern im Beruflichen nicht möglich, wenn deren Lebens- oder Ehepartner sich nicht immer wieder zurücknehmen würden.

Vermeiden Sie eine unpersönliche,
„faltenfreie" Abschiedsrede.
Sagen Sie, was für Sie stimmt.
Jeder Ausscheidende hinterlässt seine
unverkennbare Spur.
Diese gilt es auf geeignete Art zu
würdigen.

Was braucht ein Chef, damit er gehen kann?

Es gibt viele Chefs, die ohne Probleme und emotionale Abschiedswehen gehen können. Sie haben in ihrem Verständnis ihren Job geleistet und bereits viele neue Vorhaben geplant. Nun sind in dieser Firma andere dran. Je nach Situation, persönlichem Selbstverständnis und „Menschenschlag" kann für andere Leiter das Abschiednehmen und Aufgeben des Bisherigen sehr viel schwieriger sein, zumal damit ein größerer Lebenseinschnitt verbunden sein kann. Um das Bisherige eher loslassen zu können, sind zwei Blickrichtungen besonders zu beachten: Die eine Richtung gilt dem Blick auf das Derzeitige. Der andere Blick richtet sich auf das Zukünftige. Nur wenn beide Seiten und die damit zusammenhängenden Fragen für einen Betroffenen gut geklärt sind, kann dieser loslassen.

Für den Blick auf das Derzeitige wurden bereits wichtige Themen angesprochen: Das eine ist das Problem eines scheidenden Leiters, aus seinen Händen zu geben, was er wesentlich mit aufgebaut und geprägt hat. Das andere betrifft das Loslassen seiner Mitarbeiter, die ihm ans Herz gewachsen sind.

Soll das Loslassen gelingen, muss ein Leiter erstens überhaupt die Absicht haben, das Aufgebaute und die Mitarbeiter abzugeben. Zweitens ist das Loslassen meist an mindestens eine Grundbedingung geknüpft: Er wird es nur dann tun, wenn er spürt, dass die Firma, der Bereich und die betroffenen Mitarbeiter beim Nachfolger in guten Händen sind. Drittens: Eine scheidende Führungskraft wird auch nach der Übergabe mit wachem Auge danach sehen, ob ihr Nachfolger den Chefsessel wirklich ausfüllt und die Situation im Griff hat, wie *sie* es sich vorstellt. Ist das nicht der Fall, ist die Gefahr groß, dass der Ausgeschiedene danach trachtet, auf die Leitung irgendwie Einfluss zu nehmen. Damit wären Führungsprobleme für den Neuen vorprogrammiert.

> Eine scheidende Führungskraft wird darauf achten,
> ob ihr Nachfolger den ganzen Chefsessel ausfüllt,
> den sie hinterlassen hat.

Die andere wichtige Blickrichtung für das Loslassen ist die Frage nach der beruflichen und persönlichen Zukunft *nach* dem Ausscheiden aus dieser Leitungsposition. Ist für den scheidenden Leiter eine andere angemessene Leitungsaufgabe vorgesehen, ist diese Frage weniger von Bedeutung. Sie stellt sich jedoch, wenn jemand zum Beispiel aus Alters- oder anderen Gründen gezwungen ist, über sein Ausscheiden und die Zeit danach nachzudenken. Versetzen Sie sich für einen Moment selbst in die Lage, wie es wäre, wenn Sie sich in dieser Situation befinden würden. Vielleicht hätten auch Sie die folgenden Fragen: Wenn ich hier aufhöre, wo ist dann mein Platz? Welche sinnvolle Aufgabe gibt es dann für mich? Welches kleinere Revier, welche offene Herausforderung oder welches „Ausgedinge" würde ich noch haben wollen? Welchen Einfluss oder welche Position im Betrieb möchte ich dann noch haben? Was würde ich als Abstieg empfinden und wäre für mich daher keine Alternative zu meiner derzeitigen Aufgabe?

Erst wenn Sie zum Beispiel für sich selbst als betroffener Chef oder als Personalverantwortlicher für andere Leitende diese Fragen zufrieden stellend beantworten können, sind Personalveränderungen möglich. Andernfalls nicht, denn keiner will ins Ungewisse ausscheiden, noch will jemand seinen bisherigen Platz mit einem anderen tauschen, der ihm nichts gibt oder ihn zu einem Schattendasein verurteilt. Letzteres ist für viele Führungskräfte kaum vorstellbar, wenn sie ihr Leben lang vorne gestanden, Verantwortung übernommen und Entscheidungen getroffen haben.

Wenn Sie also für das Gelingen eines guten Übergangs verantwortlich sind, zum Beispiel als nächsthöherer Vorgesetzter, oder wenn Sie als Hauptbetroffener vor einer solchen Zäsur in Ihrem Leben stehen, müssen Sie sich rechtzeitig um *zwei* Perspektiven kümmern: erstens darum, was losgelassen werden soll, und zweitens darum, wie die Zeit danach aussehen soll. In vielen Fällen, in denen Leiter ihren Chefsessel lange nicht aufgeben konnten, lag oftmals ein wesentlicher Grund darin, dass die Fragen für die Zeit nach dem Ausstieg, also die zweite Blickrichtung, im Vorfeld viel zu wenig bedacht worden sind.

VII. INTHRONISATION „SPEZIAL"

Besondere Situationen und Einzelfragen.

Die emotionalen Seiten der Kündigung eines Leiters

Generell werden bei Kündigungen zwar die rechtlichen und finanziellen Aspekte beachtet, die „weicheren" Aspekte hingegen kaum. Gerade im Falle einer Kündigung eines Leiters ist die *emotionale Trennung vom Betrieb* besonders wichtig. Wenn eine Führungskraft gekündigt wird, gibt es keine Abschiedsfeier. Daher müssen Sie als Verantwortlicher darauf achten, was noch zu verabschieden ist und welche Gespräche und Möglichkeiten dafür zu überlegen sind. Findet die Trennung nur äußerlich-formal statt, bleiben innere Bindungen weiter bestehen. Im Besonderen gilt das für die Bindung zwischen dem Gekündigten und jener Person oder Gruppe, die sie eingestellt hat. Der entscheidende Gedanke des Betroffenen in dieser schwierigen Phase lautet: „Sagt auch er, sagt auch jene Gruppe, dass ich gehen muss, werde ich die Kündigung annehmen (müssen)? Wenn mich auch die Einsetzenden absetzen, habe ich zu gehen."

Was tun, wenn jemand in Unfrieden scheidet?

Wenn eine Führungskraft in Unfrieden scheidet, sollten Sie mit den betroffenen Mitarbeitern ein *Abschiedsritual* vollziehen. Ein späterer Start mit einer neuen Führungskraft ist für die Mitarbeiter erheblich leichter, wenn das Verhältnis zur neuen Führungskraft nicht durch „alte Geschichten" bereits vorbelastet ist.

Dieses Abschiednehmen können Sie auch im Rahmen einer Mitarbeiterbesprechung vollziehen. Im Vorfeld ist zu überlegen, wie viel Zeit Sie dafür einplanen müssen. Da Menschen normalerweise umso länger brauchen, je emotionaler Themen sind, sollten Sie auch eine Pufferzeit einplanen. Bei diesem Treffen braucht diese zu verabschiedende oder bereits ausgeschiedene Person nicht persönlich anwesend zu sein.

Das Minimum eines solchen Abschieds könnte folgendermaßen aussehen: Jeder Mitarbeiter erhält in einer ersten Runde die Gelegenheit, seine persönlichen Eindrücke und Gefühle im Zusammenhang mit dem Ausscheiden auszudrücken. Danach folgt ein gemeinsamer Austausch in der Gruppe. Die Mitarbeiter sollten auch die Möglichkeit haben, an die nächste verantwortliche Person Fragen zu stellen. Falls notwendig, sollte bei dieser Besprechung ein zuständiger Entscheidungsträger anwesend sein, sofern Sie es nicht selbst sind.

Eine methodische Möglichkeit für dieses Gespräch besteht darin, dass Sie zum Beispiel einen freien Stuhl für die ausgeschiedene Person in den Kreis stellen. Sie können ein Bild dieser Person darauf stellen. Oder Sie befestigen auf diesem Stuhl ein Blatt Papier, auf dem der Name dieser Person geschrieben steht.

Scheuen Sie sich nicht davor, auch über Gefühle zu sprechen beziehungsweise sprechen zu lassen! Bei so heiklen Themen wie Abschiednehmen sind wir meist versucht, unsere Unsicherheit hinter Fakten zu verstecken.

> „Alte Geschichten" sollten zu keinem
> belastenden Erbe
> für nachfolgende Führungskräfte werden.

Kann eine vorzeitig ausgeschiedene Führungskraft im Unternehmen verbleiben?

Eine Führungskraft kann im Normalfall trotz vorzeitigen Ausscheidens aus der Führungsposition im Unternehmen verbleiben,

- wenn sie auf eigenen Wunsch hin zurückgetreten ist;
- wenn es eine adäquate Position oder ein Aufgabenfeld gibt, das der Eignung dieser Führungskraft mehr entspricht;
- wenn bereits bei der Übernahme der Führungsaufgabe vereinbart worden ist, dass die Führungskraft nach einer bestimmten Zeit zurücktreten wird;
- wenn sich bei der Leitungsübernahme ohne wissentliches Verschulden dieser Person Themen oder Probleme herauskristallisiert haben, die eine Veränderung sinnvoll oder aufgrund einer sich ergebenden Unvereinbarkeit unumgänglich machen;
- wenn der Führungswechsel auf einem Rotationsprinzip beruht.

Insignien der Führungsmacht

Ich unterscheide zwei unterschiedliche Arten von Insignien, also von Kennzeichen und Merkmalen der Führungsmacht:

- *Innere und emotionale Insignien:* Sie beziehen sich auf die Führungsmacht, die Führungskräfte aufgrund ihrer Person und Persönlichkeit erhalten. Zu diesen Insignien zählt auch die emotionale Würdigung des Leiters durch seine Mitarbeiter, die ihn auf der Herzensebene als ihren Chef anerkennen.
- *Immaterielle und materielle Insignien:* Beide Insignien erhalten Führungskräfte zum größten Teil automatisch, weil diese mit der strukturellen Macht des jeweiligen Chefpostens, den sie einnehmen, verbunden sind.

Innere und emotionale Insignien der Führungsmacht

Ich kenne Führungskräfte, bei denen die *sichtbaren Zeichen der Machtposition* wenig Rolle spielen. Das hat manchmal mit den Werten der Organisation selbst zu tun, in der diese Führungskraft tätig ist. Meistens steht jedoch dieser Umstand in Verbindung mit der konkreten Person selbst: Ihr sind diese sichtbaren Zeichen einerseits nicht wichtig. Und andererseits besitzt sie diese Führungsmacht, wie sie in den Augen anderer *als Autorität und Persönlichkeit, als geistig und menschlich reif* wahrgenommen wird. Oder sie erhält diese Macht, andere zu führen, wegen ihres *Sachverstandes* oder anderer *Qualitäten* wegen, die sie in ihrer Führungsposition unter Beweis stellt.

Die Insignien einer solchen Führungspersönlichkeit sind unter anderem:

- Der respektvolle, wertschätzende Umgang mit jedem aus dem Betrieb. Es zählt der Mensch. Titel und Rang machen für sie im Ansehen und im Umgang mit einer Person keinen Unterschied.

- Ein reifer Umgang mit eigenen Stärken und Schwächen, der sich auch im Umgang mit den Stärken und Schwächen ihrer Mitarbeiter und Führungskräfte zeigt.

- Keine Angst davor, selbst schwierige Themen anzusprechen und sich umgekehrt diese anzuhören; Letzteres auch dann, wenn es um Kritik an ihr selbst geht.

- Mut zu Entscheidungen und zur Übernahme von Verantwortung, die ihrer Führungsposition entspricht, auch wenn sie diese bei anderen – egal ob „oben" oder „unten" – unbeliebt machen.

- Ein Gespür für Menschen, Situationen und Entwicklungen, was im konkreten Fall zu tun oder zu lassen ist.

- Der Chef ist sich seiner Vorbildwirkung bewusst: Seine Art, mit Macht und Machtinsignien umzugehen, wirkt und wird Nachfolger finden.

Eine Gruppe von Mitarbeitern schrieb im Rahmen einer Firmenklausur einen Text, in dem sie ihrem Vorgesetzten gegenüber zum Ausdruck gebracht hat, warum sie ihn in seiner Leitungsposition anerkennt:

Die da „oben" haben dich uns zum Vorgesetzten gemacht.
Von uns Mitarbeitern erhältst du jedoch die Führungsmacht;
nicht deshalb, weil sie dir vom Boss gegeben,
sondern weil wir dich als einen erleben,
der wirklich vorne steht
und uns dabei nicht den Rücken zudreht.
Du gehst uns mit Herz und klaren Zielen voran.
Du stehst auch mal hinten,
wenn der Letzte nicht weiterkann.

Du versteckst dich nicht in deinem Büro.
Du gibst keine Befehle aus und sagst: „Das ist einfach so!"
Du bist ein Chef und ein Mensch zugleich.
Du bist eindeutig klar und manchmal fast weich.
Du tust, was du sagst, und hörst wirklich zu.
Du ziehst klare Grenzen und kennst das „Du".
Du weißt, wann anstelle von Zahlen der Mensch wichtiger ist.
Mit dieser Art Chef arbeiten wir.
Sag uns, was ansteht, wir gehen mit dir.

Es bedarf einer jahrelangen Führungsarbeit, es braucht viel an Erfahrung und eigener Bereitschaft, sich menschlich weiterzuentwickeln, um diese Qualitäten von Führung zu erlangen und derartige Worte der Anerkennung zugesprochen zu bekommen. Eine Klausursituation wie die beschriebene ist letztlich *die Inthronisation durch die Mitarbeiter selbst, eine „Krönung" für die Führungskraft in vielfacher Hinsicht.*

Immaterielle und materielle Insignien der Führungsmacht

Neben den inneren Insignien der Führungsmacht, die zweifelsfrei die emotional höchste Stufe von Führung und Führungsethik ansprechen, sind die materiellen und immateriellen Insignien Zeichen dafür, wie viel Einfluss, Macht und welchen Status Sie als Führungskraft beziehungsweise in einer bestimmten Führungsposition in der Organisation besitzen.

Immaterielle Insignien Ihrer Führungsmacht können zum Beispiel sein:

- Ihre strukturelle Nähe zum nächsthöheren Chef.
- In welchen Gremien dürfen Sie mitreden? Die Macht Ihrer Mitbestimmung zeigt sich im Einfluss auf bedeutsame Themen, strategische Entscheidungen und Entwicklungsrichtungen in der Organisation. Das gilt in ähnlicher Weise für die nächsten Punkte.
- Wo müssen Sie gefragt werden?
- Zu welchen Informationen haben Sie Zugang?
- Was dürfen Sie selber entscheiden?
- Wen dürfen Sie kritisieren?

Beispiele für *materielle Insignien* Ihrer Führungsmacht:

- Die Höhe Ihres Gehalts.
- Ein Dienstwagen – wenn JA, welcher?
- Ein eigenes Büro: Größe, Ausstattung, Lage und Etage.
- Ein Parkplatz.
- Eine persönliche Sekretärin, ein eigenes Sekretariat.
- Ein Türschild.
- Die Arbeitskleidung.
- Insignien, die mit Ihrer Funktion in Verbindung stehen, die zumeist bei offiziellen Anlässen getragen werden; zum Beispiel die Schulterkette für Rektoren von Universitäten oder von Bürgermeistern großer Städte.

Immaterielle und materielle Insignien von Führungsmacht sind aus meiner Erfahrung nicht immer einfach und eindeutig zu beurteilen, das heißt ob sie beispielsweise als sinnvoll, wichtig, unsinnig oder als ungerechtfertigte Privilegien einzustufen sind. Oft ist eine Beurteilung in Verbindung mit der jeweiligen Organisation, der konkreten Führungsperson und aus einer konkreten Perspektive zu betrachten. Es gibt zum Beispiel auch Erwartungen von Mitarbeitern an Insignien von Führungskräften: Ein Freund von mir sitzt im Aufsichtsrat eines großen Unternehmens. Er verkauft seinen Luxuswagen und kauft sich an dessen Stelle ein gängiges Modell der Mittelklasse, das auch viele Mitarbeiter in diesem Unternehmen besitzen. Als er bei einer der nächsten Sitzungen des Aufsichtsrates bei der Einfahrt zum Firmengelände vom Portier begrüßt wird, fragt ihn dieser: „Sind Sie heute mit dem Wagen Ihrer Frau da?" Er: „Nein, ich fahre jetzt ein kleineres Auto." Der Portier: „Das können Sie uns aber nicht antun!"

Es geht mir mit dieser Geschichte keinesfalls um eine naive Legitimation von Luxus für Führungskräfte und darum, dass diese große Autos fahren müssen. Es geht hier um weitaus mehr. Wir wissen, dass materielle Insignien kommunikative und soziale Bedeutung auf vielen Ebenen besitzen: Sie stehen zum Beispiel für die Macht und Stärke eines Betriebes. Sie markieren ein „Revier" – oftmals hoch erhaben und beleuchtet auf Firmendächern und Säulen. Insignien bündeln viele Erwartungen. Sie stehen für die Werte der Organisation und für die ganze Gemeinschaft. Sie stehen für die Tradition und Stabilität einer Organisation. Insignien überdauern (zum Glück) deren einzelne Besitzer, die ihre Jobs unterschiedlich gut geleistet haben werden. Sie leisten den Dienst der Repräsentation gegenüber anderen und gegenüber den eigenen Mitgliedern. Insignien sind letztlich auch eine kritische Anfrage an die Organisation selbst und an jene Führungskräfte, denen sie übertragen worden sind. Damit haben auch viele materielle Insignien letztlich eine immaterielle und emotionale Bedeutung.

Die Thronfolge in Familienunternehmen

Im Vergleich zur allgemeinen Nachfolge in eine Führungsposition ist die Weitergabe des Thrones von den Eltern an die nächste Generation oder ein anderes Familienmitglied ein besonders heikles Thema. Die Frage nach der Kompetenz des Nachfolgers und die Prüfung dessen, ob er der Richtige ist, entscheidet hier der Besitzer. Für den Thronerben ist die familiäre Bindung an dessen Vorgänger alles andere als leicht. Denn diese Verbindung reißt – im Gegensatz zu anderen Nachfolgen in Führungspositionen – nie ab: Ihren eigenen Vater können Sie nie entlassen. Sie können ihn vielleicht zwar „auf dem Papier" entlassen, aber emotional muss er selber gehen wollen. Die familiäre Nachfolge ist auch deshalb so heikel, weil sich das berufliche und private Zusammenleben ständig miteinander vermischen. Gelingt eine familiäre Hofübergabe nicht, ist auch das private Zusammenleben davon betroffen: Viele ursächliche Firmenprobleme springen auf das Private über und breiten sich dort auf die Partner, die Kinder und die Zusammentreffen innerhalb der Verwandtschaft aus.

Soll nun diese Thronübergabe an die nächste Generation funktionieren, ist zuerst der derzeitige Inhaber des Betriebes am Zug, zum Beispiel der Vater. Er muss zuallererst für sich selbst klären, ob er in den nächsten Jahren den Betrieb und die Leitung des Betriebes tatsächlich abgeben will. Denkt er an einen stufenweisen Übergang, muss sich der mitbetroffene Erbe frühzeitig darauf einstellen können. In vielen Familienunternehmen ist die weiche Adoptionsvariante der Normalfall. Der Sohn oder die Tochter arbeiten im Betrieb mit und übernehmen mit der Zeit auch leitende Aufgaben. Der Betrieb und die Leitung gehören aber zu diesem Zeitpunkt nach wie vor dem Vater. Spätestens dann, wenn der Vater ein Alter von 60 oder mehr Jahren erreicht hat oder wenn dessen Thronerben ein Alter erreicht haben, in dem diese ihre beruflichen und familiären Weichen für die Zukunft stellen (müssen), muss der Vater seine Entscheidung treffen. Er muss dem möglichen Erbfolger, für den er sich entschieden hat, im persönlichen Gespräch die ersten entscheidenden Sätze mitteilen: „Ich möchte dir meinen Betrieb übergeben. Willst du ihn übernehmen?" Erst jetzt kann der Angefragte darauf reagieren, zum Beispiel: „Ja, ich würde den Betrieb gerne übernehmen." Auf dieser Grundlage können nun beide gemeinsam die wichtigsten Bedingungen, Fristen und Details der Hofübergabe weiter verhandeln. Wenn diese besprochen und *schriftlich* fixiert sind, haben beide für sich die Gewissheit, wie es für sie selbst und mit dem Betrieb weitergehen wird. Danach folgen die Bekanntgabe gegenüber den anderen Familienmitgliedern und später gegenüber den Mitarbeitern sowie die offizielle Inthronisation des neuen Firmenchefs. Die entscheidenden Schritte der Hofübergabe sind:

1. dass der Besitzer für sich selbst die Entscheidung trifft, den Betrieb abzugeben.

2. ob oder dass er es einem seiner Kinder auch ehrlich zutraut, den Betrieb zu führen.

3. dass er rechtzeitig den möglichen Erbfolger fragt, ob er den Betrieb übernehmen will.

4. dass für beide Seiten die Bedingungen für die Abgabe (das Loslassen) und für die Übernahme (das Nehmen) klar und rechtlich abgeklärt sind.

5. dass eine allfällige Mitarbeit des bisherigen Besitzers im Betrieb nach erfolgter Übergabe *vorher* klar geregelt ist, zum Beispiel: Aufgaben, Kompetenzen, Räumlichkeiten, Schlüssel, Benützungs- und Zugriffsrechte, Einkauf von Waren.

6. dass für die Belegschaft die Übergabe der Firma und des Thrones an den Nachfolger durch den bisherigen Besitzer spürbar wird. Das heißt zum Beispiel, dass der Vater den Sohn vor der Belegschaft inthronisieren muss. Die Kernbotschaft könnte folgendermaßen lauten: „Liebe Mitarbeiter, ich gebe die Leitung des Betriebes mit ... ab. Dann wird mein Sohn euer neuer Chef sein. Ich weiß, dass er den Betrieb gut leiten wird. Ich vertraue ihm! Liebe Mitarbeiter, ich danke euch für eure Loyalität und Zusammenarbeit. Ich bitte euch, diese ebenso meinem Sohn entgegenzubringen."

> Viele ursächliche Firmenprobleme springen bei misslungenen Hofübergaben auf das Private über und breiten sich dort auf mitbetroffene Partner, Kinder, die familiären Feste und die Zusammentreffen innerhalb der Verwandtschaft aus.

Wesentliche Ursachen für misslungene Hofübergaben in Familienunternehmen liegen in den angesprochenen sechs Punkten. Sie bleiben meist zu lange diffus oder sind gar nie angesprochen worden. Genau das ist der Nährboden für Missverständnisse, jahrelangen Frust und persönliche Kränkungen. Hier ein Beispiel, das vermutlich in ähnlicher Form auch aus Ihrem Bereich stammen könnte: Die Tochter hat bereits vor vielen Jahren die Firma des Vaters übernommen. „Es gab damals ein großes Firmenfest anlässlich der Pensionierung des Vaters und der Betriebsübernahme. Rechtlich hat alles seine Richtigkeit", berichtet mir die Leiterin in einem Coaching. „Ich weiß nicht mehr weiter, wie ich den übernommenen Betrieb tatsächlich führen kann. Offiziell ist mein Vater zwar in Pension, dennoch ist er im Betrieb wirksam und präsent wie ein nicht greifbarer Geist. Er geht regelmäßig in den Firmenhallen umher und kontrolliert die Ordnung. Zuweilen korrigiert er meine Entscheidungen gegenüber den Mitarbeitern. Vor allem die älteren Mitarbeiter – also seine Mitarbeiter – haben das Problem, auf wen sie hören sollen. Der Vater lässt sich über seine ehemaligen Bereichsleiter über interne Vorgänge informieren. Bei gemeinsamen Familienzusammenkünften stellt er mich dann immer wieder zur Rede und hinterfragt meine Entscheidungen."

So entstehen über viele Jahre hinweg familiäre Leidensgeschichten und gelähmte Führungssituationen. Die Ursachen im geschilderten Fall können unterschiedlich sein: Der Vater traut der Tochter nicht wirklich zu, dass sie den Betrieb erfolgreich führt. Der Vater hat Angst, dass sie den Betrieb nicht so weiterführt, wie er sich das vorgestellt hat. In jedem Fall scheinen hier viele Fußnoten des Übergabevertrages zwischen dem Vater als Besitzer und der Tochter als Thronerbin nicht klar gewesen zu sein.

Wie kann nun ein nächster Schritt aussehen? Der erste Schritt zur Veränderung liegt näher bei der Erbin, also der

Tochter, denn *sie* hat das Problem! Sie muss aufhören, gegen die Einflussnahme des Vaters anzukämpfen. Das bringt nichts. Sie muss wesentlich „tiefer" ansetzen. Der Lösungsweg beginnt, wenn sie sich ihre Ohnmacht eingesteht und diese ihrem Vater sagen kann: „Lieber Vater, unter diesen Bedingungen kann und will ich den Betrieb nicht führen!" Danach braucht es ein klärendes Gespräch zwischen der Tochter und dem Vater. In diesem Gespräch werden beide im Modell der Schritte für die Hofübergabe vermutlich bis zu Schritt 1 oder 2 zurückgehen und in weiterer Folge die Schritte bis zu Schritt 6 neu durchlaufen müssen.

In verfahrenen Situationen kann für ein solches Gespräch der Rahmen einer Beratung eine hilfreiche neutrale Plattform bieten und dabei helfen, dass eine „objektive" Sicht der Dinge für beide möglich wird.

VIII. UND WENN ICH NICHT INTHRONISIERE?

Zwei Antworten und zwei Entwicklungen.

Was passiert, wenn Sie die Stufen der Inthronisation missachten?

Das werde ich immer wieder gefragt:
Mit wie viel Schaden muss ich tatsächlich rechnen, wenn ich als Leiter die angesprochenen Stufen und Gesetze der Inthronisation außer Acht lasse? Muss ich überhaupt mit negativen Folgen rechnen?

Meine erste Antwort darauf lautet:
Je weniger Sie die Stufen der Inthronisation beachten, desto mehr begeben Sie sich in Gefahr, negative Folgen heraufzubeschwören und sich selber eine Vielzahl von Problemen einzuhandeln.

Hier einige typische Folgeschäden aus dem Führungsalltag, wenn Elemente der Inthronisation wenig beachtet werden:

- Sind das Ausscheiden des bisherigen Leiters und die Übergangsphase unklar und schlecht geregelt, braucht es viele Zwischenschritte und ständige Nachjustierungen. Je mehr unklar ist, desto mehr Klärungsgespräche sind notwendig. Diese kosten Zeit, rauben Energie und damit Geld. Die Stimmung und die Leistungsbereitschaft der Betroffenen leiden ebenso darunter.

- Haben Sie den falschen Kandidaten ausgewählt, der zwar fachlich gut und bei den Mitarbeitern beliebt ist, jedoch nicht führt, riskieren Sie im betroffenen Bereich ein Führungsvakuum und schaffen einen Tummelplatz für Schattenspiele der Macht.

> Wo Leitung nicht wahrgenommen wird, geschieht etwas anderes!
>
> *Josef Weichselbaumer*

- Wenn eine neue Führungskraft führt, diese jedoch von den Mitarbeitern nicht akzeptiert wird, werden verdeckte und offene Widerstände der Belegschaft zu einem immer wieder aufkeimenden Problem.

- Wenn der neu ernannten Führungskraft die Rückenstärkung von „oben" fehlt und sie nicht das hundertprozentige Vertrauen genießt, kann sie in heiklen Führungssituationen scheitern. Sie ist in Gefahr, keine Verbündeten für ihre Entscheidungen zu haben, weder auf Führungsebene noch auf Mitarbeiterseite.

- Wenn der Abschied des Scheidenden nur äußerlich stattgefunden hat und innerlich nicht vollzogen worden ist, spukt der alte Chef geistig oder persönlich weiter in der Organisation herum. Derartige Situationen verhindern die Weiterentwicklung des betroffenen Bereiches und die Arbeit des neuen Leiters. Die neue Führungskraft hat auch Dinge zu tragen, die eigentlich der Vorgänger oder eine vorgesetzte Stelle zu verantworten hat.

Meine zweite Antwort ist:
Ob Chefs auf Gesetze der Inthronisation achten (oder achten müssen), ist einerseits eine Frage der Werte, die ein Chef oder eine Firma hat und lebt. Es ist andererseits auch eine Frage, wie mächtig Leitende sind und nach Belieben agieren können, ohne auf das Einverständnis Betroffener angewiesen zu sein.

Im Laufe der Weltgeschichte und vieler Firmengeschichten hat es gute und schlechte Leiter gegeben, die auf sehr unterschiedliche Weise auf den Thron oder in den Chefsessel gelangt sind. Dabei haben sie die Gesetze der Inthronisation unterschiedlich be- oder missachtet. Auch gute Leiter sind manchmal ungünstig eingestiegen und haben erst nach vielen Jahren Anerkennung in ihrer

Leitungsposition erhalten. Leitende aus unterschiedlichen Organisationen haben moralische, emotionale und andere Druckmittel dazu missbraucht, sich gegen den Willen anderer in Leitungspositionen zu bringen und sich darin zu halten. Derartige Inthronisationen erbauen ihre Führung auf der Ohnmacht von Menschen, auf deren Zustimmung sie offenbar nicht Rücksicht nehmen müssen. Das war und ist so. Durch Machtapparate können wichtige Teile echter Inthronisation wie die Akzeptanz über lange Zeit außer Kraft gesetzt werden. Druck erzeugt jedoch immer Gegendruck. Daher ist hier der Widerstand vorprogrammiert. Derartige Missachtungen in der Inthronisation von Führungsmacht produzieren emotionale und menschliche Flurschäden, die in Zahlen nicht mehr zu messen sind.

Wer weiter erfolgreich sein will, wird die Gesetze der Inthronisation beachten müssen

Dafür sprechen vor allem zwei Entwicklungen:

Erstens: Die letzten Jahrzehnte haben in vielen Bereichen eine Entwicklung hin zu mehr Gleichberechtigung auf unterschiedlichen Ebenen gebracht. Hinter diesen sozialen Standard gibt es letztlich kein Zurück mehr (und darf es auch nicht geben). So hat sich zum Beispiel die traditionelle Familienhierarchie, in der bisher der Mann das Oberhaupt der Familie gewesen ist, dahin gehend verändert, dass Mann und Frau sich als gleichberechtigte Partner verstehen. Im Betrieblichen zum Beispiel hat sich bei uns die Position der Mitarbeiter verändert, die nun nicht mehr als Dienstboten von „Oberen" ihre Arbeit verrichten, sondern Mitarbeiter, Mit-betroffene und Mit-beteiligte im Unternehmen sind. Ein kooperativ geprägter Führungsstil fördert die Motivation von Mitarbeitern und die Zusammenarbeit der Leitenden mit der Belegschaft. Alle diese sozialen Errungenschaften entsprechen soziologisch der so genannten Moderne, deren Entwicklung noch längst nicht abgeschlossen ist. Denken Sie nur an die aktuellen geschlechterbezogenen Gleichberechtigungsfragen (Gender-Entwicklungen). Dass es Firmen und Organisationen gibt, bei denen sich vieles davon noch nicht oder nur teilweise so entwickelt hat, ist ein Faktum gesellschaftlicher Ungleichzeitigkeit, das jedoch an der geschilderten Gesamtrichtung nichts ändern wird. Aus dieser Perspektive betrachtet entspricht zum Beispiel die Notwendigkeit der Akzeptanz von gewählten Inthronisationsvorgängen und neuen Führungskräften bei den Mitarbeitern genau der inneren Logik dieser Entwicklung.

Zweitens: In den letzten Jahren haben Fachleute und Wissenschaftler das systemische Prinzip und systemisches Denken wieder entdeckt und dafür unterschiedliche Disziplinen sensibilisiert. Ein typisches Bild für ein System ist zum Beispiel das gute alte Mobile, das in seinem inneren Balanceakt von unterschiedlichen Längen- und Größenverhältnissen immer wieder faszinieren kann:

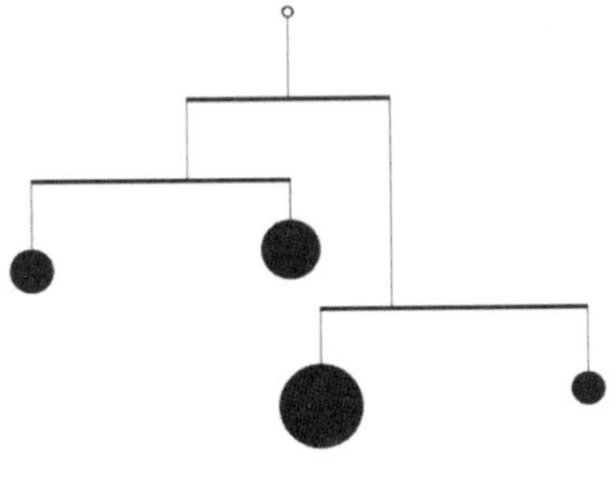

Sie können in diesem Zusammenhang natürlich noch an viele andere Systeme denken: an biologische, mechanische, elektronische oder soziale und zirkuläre Systeme oder an „Netzwerke" unterschiedlichster Art. Auch das Prinzip des schwingenden Pendels und die Schaukel zählen zu den systemisch funktionierenden Mechanismen.

Insgesamt kann man sagen: Wir haben die Aspekte wie die Balance von Systemen – also die innere Ausgewogenheit – wieder in den Blick bekommen. Nachhaltiges Denken im Sinne des Gesamtprozesses entlarvt Einwegsysteme als kostspielige und kurzsichtige Wege des Erfolges, deren Schatten und Opfer gerne verschwiegen werden. Dieses neue Denken hat unsere Wahrnehmung von Wechselwirkungen in Systemen verschärft: Wenn ich auf einer Seite etwas verändere, verändert sich das ganze System mit. Ich agiere und das System re-agiert darauf. Das mag vielleicht nicht immer unmittelbar zu sehen sein, ist jedoch ein Faktum. Wenn dann im System Toleranzgrenzen überschritten und nicht mehr verkraftet werden, kippt es. Die Ökologen gehören sicherlich zu den Ersten, die im Blick auf biologische Systeme unermüdlich darauf hingewiesen haben, was herauskommen wird, wenn wir derartige Grundgesetze ignorieren und diese überstrapazieren.

Systemisches Denken ist mittlerweile auch ein unverzichtbarer Teil und Blickwinkel innerhalb von Therapierichtungen oder in der Firmenberatung. Langsam begreifen wir, wie hochkomplex zum Beispiel ein Mensch als System und dieser *im* System funktioniert. Ein mittlerweile unüberschaubar gewordenes Seminarangebot für Firmen- und Familienaufstellungen zeugt von der neuen Sensibilisierung für Systemisches in menschlichen Netzwerken. Dabei reichen die darin behandelten Inhalte weit über die Problemstellung des Einzelnen oder gar einer Generation und im betrieblichen Zusammenhang weit über nüchterne Sachfragen oder offizielle Firmenorganigramme hinaus. Im Erkennen innerer Ordnungen stehen wir vermutlich erst am Anfang. Die Erfahrungen in der praktischen Arbeit mit Betroffenen im Blick auf Familienfragen oder in der Arbeit mit Organisationen zeigen jedoch eines sehr deutlich: Je mehr wir beim Lösen von Problemen oder bei Veränderungen systemisch denken und dabei erkannte Grundsätze respektieren, desto besser werden die erreichten Ergebnisse. Das

Berücksichtigen systemischer Erkenntnisse, umgelegt auf unser Thema, das Einsetzen von Führungskräften, etwa durch das Würdigen von Rangordnungen oder durch das Beachten wichtiger emotionaler Schritte beim Loslassen von Positionen und Mitarbeitern, ist nun eine Möglichkeit für Sie, dieses Wissen sehr konkret in Ihrem praktischen Führungsalltag umzusetzen. Dazu wünsche ich Ihnen viel Mut, Erfolg und systemisches Gespür!

August Höglinger

Weitere Bücher
von August Höglinger

Loslassen ohne zu vergessen

Wie ich loslassen lernen kann: Dieses Buch ist ein praktischer Ratgeber zum Loslassen. Sie lernen die zehn Schritte des Loslassens, die im Todesfall oder bei einer Trennung zu gehen sind. Wertvolle Hinweise zum Trauern und zum Umgang mit Trauernden ergänzen die zehn Schritte des Loslassens. Sie werden wieder frei – ohne das Vergangene vergessen oder verdrängen zu müssen.

Preis: Buch € 20,-
ISBN: 3-9501137-3-8

Lust auf Meditation

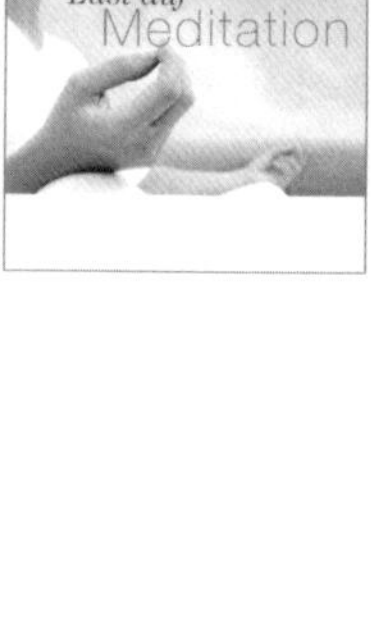

Sie sollten dieses Buch lesen, wenn Sie nach Klarheit in wichtigen Fragen und Entscheidungen suchen, wenn Sie innerlich ruhiger und ausgeglichener werden wollen, wenn Sie das Meditieren praktisch erlernen oder einfach nur Grundlegendes über Meditation erfahren möchten. Meditationslehrer, Coach und Autor August Höglinger gibt Antworten auf Fragen, die sich jeder einmal stellt.

Preis: Buch € 25,-
ISBN: 3-9501137-2-X

Zeit haben heißt NEIN sagen

NEIN sagen ist eine Schlüsselqualifikation für den Umgang mit der Zeit. Die vorgeschlagenen Methoden, Tipps und Anregungen sind zu 100 % in die Praxis umsetzbar, einfach anwendbar und äußerst wirkungsvoll. Das Arbeitsbuch besteht aus 52 Arbeitsblättern (für die Wochen des Jahres). Es begleitet Sie im Idealfall ein Jahr lang als Ihr persönlicher Berater oder Coach und verhilft Ihnen bei konsequenter Anwendung zu mehr Zeit und Lebensqualität.

Preis: Buch € 22,-
ISBN: 3-9501137-0-3

Grenzen setzen bei Erwachsenen

In diesem Buch geht es um die Grenzen und Reviere bei Erwachsenen im privaten und beruflichen Umgang miteinander. Es soll jenen helfen, die sich schwer tun, Grenzen zu setzen und NEIN zu sagen. Zahlreiche Vorschläge und Übungen zur Lösung von Grenz- und Revierproblemen werden angeboten. In 29 lebensnahen Geschichten kann sich jeder mühelos mit den behandelten Problemstellungen identifizieren.

Preis: Buch € 25,-
ISBN: 3-9501137-1-1

CDs

von August Höglinger

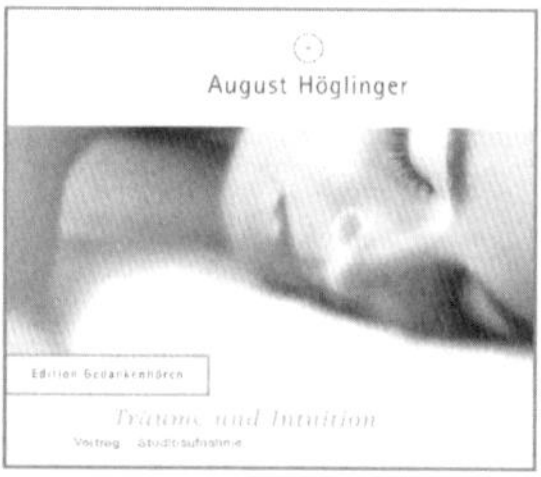

Träume und Intuition
Vortrag - Studioaufnahme
Preis: CD € 18,-
ISBN: 3-902410-05-1

Zeit haben heißt NEIN sagen
Vortrag - Studioaufnahme
Preis: CD € 18,-
ISBN: 3-902410-00-0

**Die Firma –
unsere 2. Familie**
Vortrag - Studioaufnahme
Preis: CD € 18,-
ISBN: 3-902410-04-3

**Grenzen setzen bei
Erwachsenen**
Vortrag - Studioaufnahme
Preis: CD € 18,-
ISBN: 3-902410-01-9

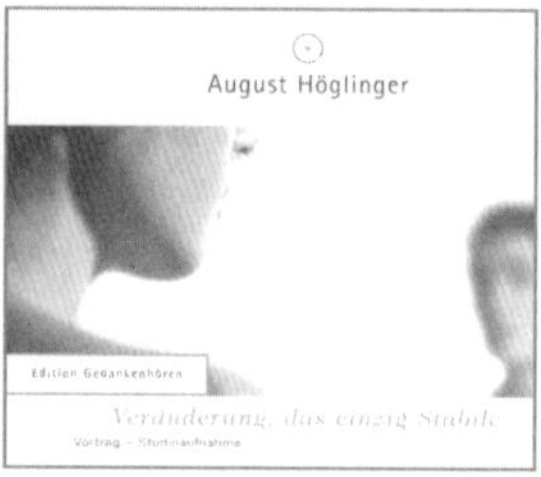

**Veränderung,
das einzig Stabile**
Vortrag - Studioaufnahme
Preis: CD € 18,-
ISBN: 3-902410-03-5

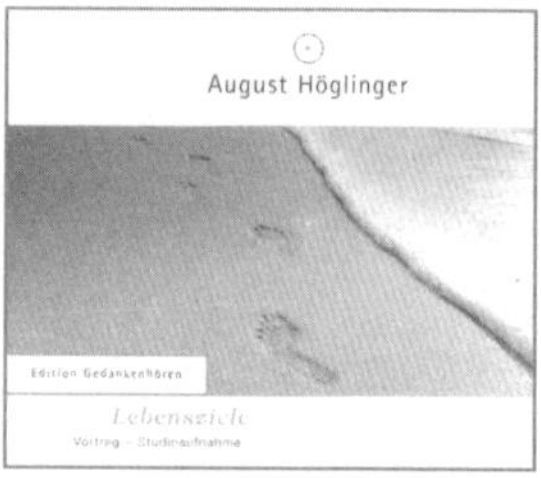

Lebensziele
Vortrag - Studioaufnahme
Preis: CD € 18,-
ISBN: 3-902410-09-4

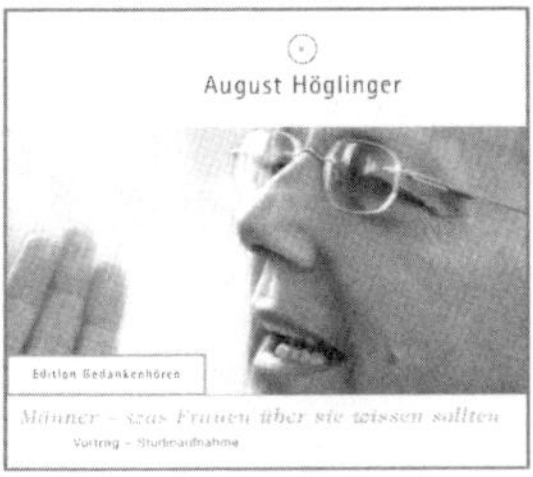

Männer - was Frauen über sie wissen sollten
Vortrag - Studioaufnahme
Preis: CD € 18,-
ISBN: 3-902410-07-8

Der Weg nach Innen - Meditation
Vortrag - Studioaufnahme
Preis: CD € 18,-
ISBN: 3-902410-02-7

Leben in gelungenen Beziehungen
Vortrag - Studioaufnahme
Preis: CD € 18,-
ISBN: 3-902410-06-X

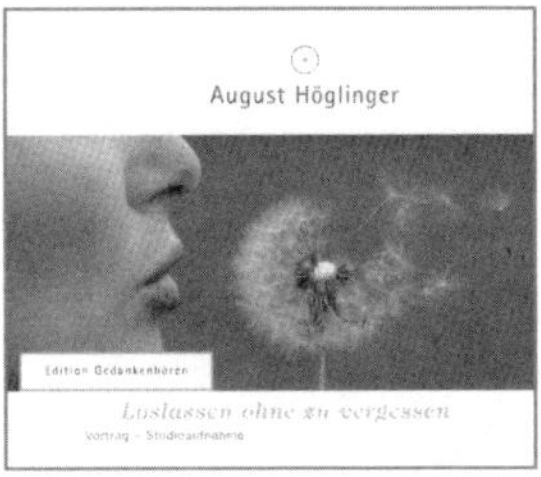

Loslassen ohne zu vergessen
Vortrag - Studioaufnahme
Preis: Doppel-CD € 22,-
ISBN: 3-902410-08-6

Meditation für Körper und Seele
Liveaufnahme
Preis: CD € 18,-
ISBN: 3-902410-10-8

www.hoeglinger.net
das Programm

- Seminare
- Lehrgänge
- Coaching
- Vorträge
- Skripten

Skripten

von August Höglinger

Konflikte und Kritik
46 Seiten, **Preis:** € 18,-
ISBN: 3-902410-49-3

Leben in gelungenen Beziehungen
29 Seiten, **Preis:** € 18,-
ISBN: 3-902410-50-7

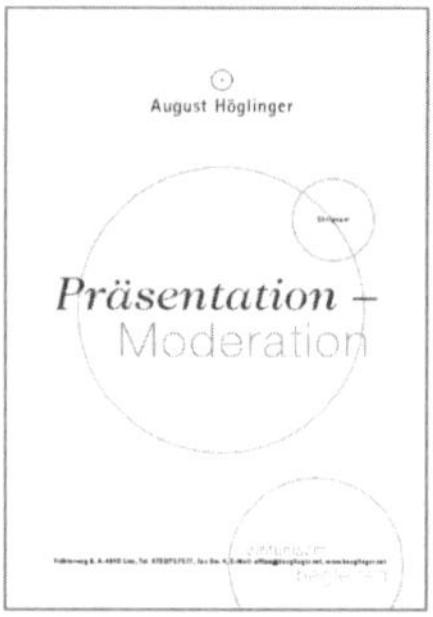

Präsentation – Moderation
44 Seiten, **Preis:** € 18,-
ISBN: 3-902410-51-5

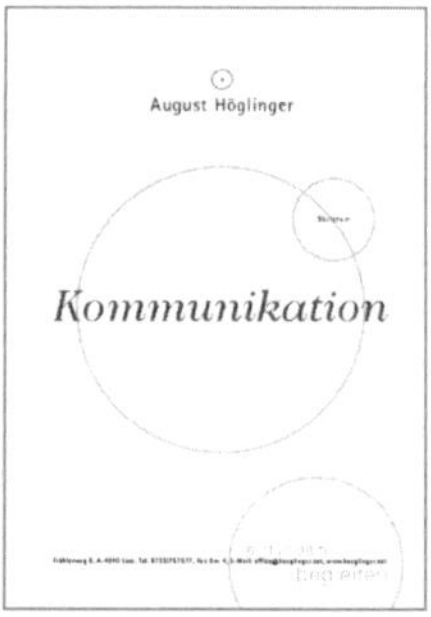

Kommunikation
47 Seiten, **Preis:** € 18,-
ISBN: 3-902410-52-3

Zur inneren Ruhe finden
37 Seiten, **Preis:** € 18,-
ISBN: 3-902410-53-1

Mitarbeiterführung
45 Seiten, **Preis:** € 18,-
ISBN: 3-902410-54-X

Meditationsleiter-
Lehrgang

Die Ziele:

- den ganz persönlichen Pfad zur Mitte kennen lernen
- Vergleichen von verschiedenen Wegen nach innen
- Prinzipien des Leitens von Meditationsgruppen lernen
- Meditationsübungen am eigenen Leib erfahren
- Grundlagen der geistlich-spirituellen Begleitung von Menschen kennen lernen
- intuitiv-spirituelle Kompetenz entwickeln

Sie wollen:

- Meditationsgruppen leiten
- Meditation in Ihr tägliches Leben einbauen
- Menschen auf dem Weg nach innen begleiten
- sich im Schutz einer Gruppe auf den Weg nach innen begeben
- über einen längeren Zeitraum geistlich-spirituell begleitet werden
- Ihre Intuition lebendig werden lassen

Die Module:

1. Woche: Beginn
2. Woche: Entspannen und loslassen
3. Woche: Schweigen
4. Woche: Fasten und schweigen
5. Woche: Begleiten
6. Woche: Leiten einer Gruppe
7. Woche: Üben des Anleitens von Meditationsgruppen
8. Woche: Üben und abschließen